가슴높이로
공을 던져라
2

가슴높이로 공을 던져라 2

초판 1쇄 발행_ 2013년 10월 10일

지은이_ 황보태조
펴낸이_ 이성수
주간_ 박상두
편집_ 황영선, 이홍우, 박현지
본문디자인_ 이세영
마케팅_ 이현숙, 이경은
제작_ 박홍준
인쇄_ 천광인쇄

펴낸곳_ 올림
주소_ 110-999 서울시 종로구 신문로1가 163 광화문오피시아 1810호
등록_ 2000년 3월 30일 제300-2000-192호(구:제20-183호)
전화_ 02-720-3131
팩스_ 02-720-3191
이메일_ pom4u@naver.com
홈페이지_ www.ollim.com

ISBN 978-89-93027-49-5 04370
      978-89-93027-47-1(전 2권)

Copyright ⓒ 2013 황보태조

※ 이 책은 올림이 저작권자와의 계약에 따라 발행한 것이므로
   본사의 허락 없이는 어떠한 형태나 수단으로도 이 책의 내용을 이용하지 못합니다.
※ 잘못된 책은 구입하신 서점에서 바꿔드립니다.

책값은 뒤표지에 있습니다

이 도서의 국립중앙도서관 출판시도서목록(CIP)은 서지정보유통지원시스템 홈페이지(http://www.seoji.nl.go.kr)와 국가자료공동목록시스템(http://www.nl.go.kr/kolisnet)에서 이용하실 수 있습니다. (CIP제어번호 : CIP2013019023)

5남매 수재로 키운 포항 농부의 자녀 교육 이야기

가슴높이로 공을 던져라 2

황보태조 지음

알리는 말씀

․
․
․

이 글은 지은이 황보태조 씨의 육필이요, 육성입니다.

시 쓰는 것이 취미인 지은이의 글 자체가

물 흐르듯 자연스러울 뿐 아니라

생생하고도 독특한 그의 체험과 생각을

있는 그대로 전달하기 위해

사투리와 맞춤법 등을 제외하고는

조금도 더하거나 빼지 않았음을 밝힙니다.

올림 편집실

아이들 공부 때문에 자나깨나 걱정을 하면서도

정작 아이들을 위해 하는 일이라고는

끊임없이 잔소리하고 학원 보내고 과외 시키는 것이 전부지만

사실은 자신보다 아이들을 더 사랑하는 이 땅의 부모들과

그런 부모 때문에 날마다 상처받는 아이들에게

조금이라도 도움이 되기를 기원하며

머리말

나는 청개구리 아빠

나의 어린 시절은 우울했습니다. 가정도 학교도 내게 도움이 되지 못했습니다. 어린 나에게 학교는 무서운 곳이었고, 선생님은 무섭기만 한 분이었습니다. 나는 사실 초등학교 시절 내내 선생님을 똑바로 쳐다보면서 내 의사를 발표해 본 기억이 없습니다. 항상 선생님이 무서워서 주눅 든 음성으로 고개를 숙인 채 묻는 말에나 겨우 대답하는 정도였습니다.

지금 생각해 보니 내가 그렇게 된 것은 순전히 취학 전의 '사전 교육(?)' 때문이었습니다. 학교에 들어가서 선생님을 만나기도 전에 내 머릿속에는 학교란 말 안 듣는 아이들을 때리는 무서운 선생님들로 가득한 곳이라는 생각이 자리 잡고 있었던 것입니다.

나는 어린 시절의 이런 경험 때문에 우리 아이들이 학교에 들어가기 전부터 학교란 무서운 곳이 아니라 즐거운 곳이라는 생각을 심어 주려고 노력했습니다. 모든 공부를 '놀이'로 바꿔 아이들이 부담없이 공부할 수 있도록 도와주었고, 책을 가까이하도록 도와주었으며, 칭찬이라는 거름을 아낌없이 듬뿍 주었습니다. 그리고 어린 시절 의지할 만한 어른이 없었다는 뼈아픈 기억 때문에 자상한 아빠가 되려고 노력했습니다. 아이들이 아빠에게 거리감을 갖지 않도록, 아빠라기보다는 친구처럼 가깝게 느낄 수 있도록 애를 썼습니다. 아버지라는 사람이 채신머리없이 아이들과 그렇게 가깝게 지내면 어떻게 하느냐는 웃어른들의 꾸지람을 듣기도 했지만, 그래도 나의 '올챙이 시절'을 생각하며 계속 아이들과 친하게 지냈습니다.

우연한 계기에 자녀 교육에 대한 강연을 하게 된 것이 소문이 퍼져서 신문과 잡지, 방송 등에 소개되었고, 그 후 《꿩 새끼를 몰며 크는 아이들》이라는 책을 내서 많은 독자들로부터 과분한 사랑을 받았습니다. 책을 낸 이후 또다시 여러 차례 언론에 소개되었고, 전국 각지의 학교·교육청·유치원·검찰청·지방자치단체 등 여러 기관의 요청으로 수백 회 강연을 하기도 했습니다.

《꿩 새끼를 몰며 크는 아이들》을 낸 지가 벌써 10년이 훌쩍 넘었습니다. 지난 10여 년간 강연 등을 통해 많은 사람들을 만났고, 그들과의 대화를 통해 새로운 깨달음을 얻기도 했습니다.

5남매를 기를 때 활용했던 나의 자녀 교육 방법을 손주들에게 적용하여 효과를 보았을 때에는 매우 기쁘기도 했고, 나의 방법이 잘못된 것이 아니라는 확신을 갖게 되기도 했습니다. 이런 이야기들을 모아 이번에 새로 《가슴높이로 공을 던져라 2》를 출간하게 되었고, 새 책을 내는 김에 《꿩 새끼를 몰며 크는 아이들》의 내용을 일부 고치고 보완하여 《가슴높이로 공을 던져라 1》로 제목을 바꾸어 내게 되었습니다.

청개구리 우화가 있습니다. 나의 일생을 돌아보면 나 자신도 한 마리 청개구리가 아니었나 생각이 듭니다. 나는 혼자 어렵게 나를 키워 주신 어머님의 말씀을 잘 듣지 않았습니다.

지난밤에도 고등학교 때 꿈을 꿨습니다. 고등학교 1학년 1학기도 마치지 못하고 학교를 그만두었고, 어렵게 다시 입시를 치르고 다른 학교에 입학을 했지만 그곳에서도 2학년을 다 마치지 못했습니다.

나의 이런 지난날은 평생을 계속 꾸어 온 꿈이 되었습니다. 어떤 때는 고등학교를 중퇴했던 그때 일이 생생하게 재현되는가 하면, 어떤 경우는 좋은 성적으로 고등학교를 졸업하고 원하는 대학에 입학해서 다니기도 했습니다. 하지만 꿈을 깼을 때의 허전함은 언제나 같았습니다.

어느 때는 지금이라도 다시 고등학교에 들어가 남은 학기를 마치고 더 이상 이런 꿈은 꾸지 않았으면 좋겠다고 생각한 적도 있습니다. 이런 후회스러운 과거 때문에 자녀 교육에 남다른 관심과 애정을 쏟았는지도 모르겠습니다.

이제 70을 바라보는 나이에 후회한들 무슨 소용이 있겠습니까. 젊은 날 학업에 충실하며 학창 시절을 보람 있게 보내는 것이 얼마나 사람으로 하여금 자긍심을 갖고 살게 해 주는지, 아마 나처럼 후회스러운 경험을 해 보지 않은 사람은 알 수 없을 것입니다.

이런 나의 청개구리 경험은 우리 아이들을 키우는 데 스스로 내게 치는 매질이 되었습니다.

이 책을 읽는 모든 분들에게 나의 이런 경험들이 조금이나마 도움이 되었으면 합니다.

포항 구룡포에서

황보태조

차례

머리말_ 나는 청개구리 아빠 … 6

들어가는 글_ 현명한 어부는 고기에 맞춘다 … 16

1

아빠, 벌써 까먹었나?
성적을 올려 주는 학습의 디테일

먼저, 아이의 마음을 살피자 23   학교 수업, 우습게 보지 마라 26
질문 잘하는 아이로 키우자 31   듣기도 하시고 묻기도 하시니 38
아빠, 벌써 까먹었나? 41   아이에게 심심할 틈을 주자 45   한두 개는
틀렸으니 찾아봅시다 49   딸의 보물찾기, 이제는 손주가 58   공부는
엉덩이로 한다? 62   아버지가 자상하면 자녀 성적 좋아진다? 66

2
아이들은 아는 이야기를 더 좋아한다
우리 아이 책맛 들이기

사람은 누구나 이야기를 좋아한다 71 아이들은 아는 이야기를 더 재미있게 읽는다 76 얘들아, 서점 가자! 80 우리 손주 책맛 들이기 84 우리는 왜 울면서 고추를 먹었나 91 "책 속에 아버지가 있었다" 96

3
수학은 부모가, 영어는 듣기부터
부모와 함께 하는 영어·수학 공부

수학의 시작은 꼭 엄마 아빠가 103 아이들의 학습 노트를 정기적으로 살펴보자 108 미국에서는 거지도 영어를 한다는데… 111

4

칭찬도 기술이다
변화를 부르는 칭찬의 놀라운 힘

선생님, 정말 고맙습니다 121   칭찬도 기술이다 125   떡짐을 지고 가는 어떤 아이 이야기 132

5

식물도 운동을 해야 한다
농부라서 깨달은 것들

식물도 운동을 해야 한다 141   파종하기 전 잡초를 제거하는 농부의 지혜 145   농사도 교육도, 참아야 한다 149   토마토 곁순을 자르는 까닭 156   도시에만 가면 아이들이 공부를 잘할까? 159   상처 입은 풀잎은 이슬을 맺지 않는다 168   인생은 과연 마라톤일까? 172   저는 악보를 읽을 줄 모르는 문맹자입니다 174   사람도 쌍떡잎식물이다 177

6
새들이 알을 품을 때 씨앗을 뿌려라
살며 사랑하며

새들이 알을 품을 때 씨앗을 뿌려라 183   고향을 담아 오시다 186
우리 아이들에게 자긍심을 심어 주자 190   유식한 사람보다 지혜로운
사람이 되어야 194   내 마음을 녹여 준 여학생의 한마디 197   이상
한(?) 할머니의 따뜻한 가르침 201   바보 노루를 보며 나를 돌아보다
203

7
옛 고전에 나타난 신의 손가락
성경, 우리의 오래된 미래

한가위만 같아라 209   땅도 쉬어야 한다 213   옛 고전에 나타난 신의 손가락 218

맺는말_ 한 마리 고양이에 대한 어릴 적 기억   228
추천의 말_ 놀라운 '가슴높이' 자녀 교육법 조석희(미국 세인트존스대학 교수)   239

들어가는 글

현명한 어부는 고기에 맞춘다

　내가 사는 곳은 행정구역으로는 포항시이지만 포항 시내에서 60리 떨어진 산골입니다. 우리 마을에서 조금만 나가면 바로 바닷가여서 언제나 어부들이 그물 일을 하는 모습을 볼 수 있습니다.
　평생 성경을 읽으며 살아온 사람으로서 나는 가끔 바닷가를 거닐며 이런 생각을 하곤 했습니다.
　'이 같은 바닷가에서 예수님이 저 배 위에서 그 놀라운 '복음'을 전하셨겠지…….'
　그렇게 크지 않은 배가 바닷가 적당한 곳에 떠 있고 해안이 약간 비탈진 곳이면 더 그런 생각이 들곤 했습니다.
　얼마 전 이곳 동해안 모래가 아닌, 고운 자갈돌이 넓게 깔려 있고 해송이 여기저기 자라고 있는 약간 비탈진 해안가를 만났을 때도 그런 생각이 들었습니다. 예수께서 어부 베드로에게 "내가 너로 하여금 사람을 낚는 어부가 되게 하리라"고 하신 말씀도 생각났습니다.

　이 부름에 베드로는 얼마나 감동을 받았을까요. 오늘날, 보지도 듣지도 못하고 오직 성서만 보고 믿어야 하는 우리는 너무 심심하다는 생각이 들기도 했습니다.

　바닷가에서 일하는 어부들을 보면 한 가지 참 재미있는 사실을 발견하게 됩니다.

　바다에서는 언제나 같은 고기만 잡히는 것이 아닙니다. 철철이 잡히는 고기가 다릅니다. 그런데 잡히는 고기마다 항상 같은 그물이나 같은 미끼를 쓰지 않는다는 것입니다.

　언제부터 그런 지혜로운 생각을 해냈는지 모르지만 어부들은 고기마다 다른 미끼, 다른 낚시, 다른 그물을 씁니다. 어떤 때는 작은 항아리 같은 그릇을 낚시로 쓰기도 하고, 어떤 고동을 잡을 때에는 그물로 된 입이 작은 바구니에 미끼를 넣어 잡기도 하고, 게 같은 놈을 잡을 때에는 아주 가늘고 엉성한, 코가 듬성듬성한 그물을 씁니다.

　우리가 보기엔 그 큰 코 사이로 게가 다 빠져나갈 것 같은데도 그래도 줄줄이 게가 올라오니 신기한 일입니다. 이렇게 각기 미끼가 다르고 그물이 다르고 한 것은 바로 고기의 성질이 각기 다르기 때문이라고 합니다. 물론 이렇게 지혜를 발휘하기까지 얼마나 많은 세월이 흘렀으며 얼마나 많은 시행착오를 겪었을까요? 그 긴 세월하며 어부들의 부단한 노력에 절로 고개가 숙여집니다.

다섯 아이를 키우고 손주들이 성장하는 모습을 지켜보면서 줄곧 느낀 점이 있습니다. 아이들도 이렇게 철철이 나는 고기들의 성질만큼이나 성미가 각각 다르다는 사실입니다. 한 부모에게서 나온 자식인데도 어찌 이렇게도 각각일까요? 어떤 아이가 좋아하는 것을 어떤 아이는 싫어하고, 어떤 아이가 호기심을 보이는 것에 어떤 아이는 냉정하리만치 무관심하며, 또 변덕이 죽 끓듯 하는 아이도 있습니다.

우리는 자녀들을 교육하면서 많은 시행착오를 겪습니다. 내 자녀에게 무엇을 가르칠까를 고민하기에 앞서 이곳 어부들처럼 우선 아이들이 천성적으로 무엇을 좋아하며 무엇을 싫어하는지를 알아야 할 것 같습니다. 하지만 우리는 이런 사실조차도 생각지 않고 언제나 똑같은 낚시를 내리지 않았나 생각됩니다.

아이들에게 천편일률적인 교과서로 따라오라고 하는 것은 고기보고 미끼에 맞추라 하는 셈이 아닐까요? 아이들의 적성에 맞게 교육하는 '맞춤식 교육'이 진정 불가능한 일일까요? 고기마다 미끼와 낚시를 달리하는 어부처럼, 우리도 자녀들을 교육할 때 좀 더 다양하고 효율적인 방법을 찾아보아야 하지 않을까요?

오늘도 성경의 '사람을 낚는 어부'에서 내 자녀를 낚는 교육적 의미를 생각해 보았습니다.

1

아빠, 벌써 까먹었나?
성적을 올려 주는 학습의 디테일

먼저, 아이의 마음을 살피자

우리 손녀가 다섯 살, 손자가 네 살 때 일입니다. 손녀는 말을 참 잘합니다. 오래간만에 아빠가 왔다며 딸아이와 사위가 대전 교외로 한 바퀴 드라이브를 시켜 주었습니다.

이렇게 딸네 식구와 드라이브 중 차 안에서 있었던 일입니다.

손녀 옷의 단추가 떨어졌습니다. 그런데 그 단추가 어디에 떨어졌는지 찾을 수가 없었습니다. 집에서 떨어졌는지 차 안에서 떨어졌는지 아파트에서 나오면서 떨어졌는지 도무지 알 수가 없었습니다. 할 수 없이 제 엄마는 그때 마침 손에 쥐고 있던 동전을 흔들어 보이며 나중에 단추를 사서 달아주겠다고 했습니다. 그런데 이때 우리 손녀가 좀 엉뚱한 질문을 했습니다.

"엄마, 동전을 주면 단추를 살 수 있어?"

"물론 살 수 있지. 아이고, 우리 은산이 똑똑하구나" 하고 엄마는 제 딸내미를 칭찬해 주었습니다.

그런데 이번엔 "엄마, 그럼 단추를 주면 동전을 살 수 있어?" 하는 것이었습니다.

너무나 엉뚱한 질문이었습니다. '왜 아이가 이런 말을 하지?'

"아니야. 동전을 주고 단추를 살 수는 있지만, 단추를 주고 동전을 살 수는 없어" 하고 제 엄마가 다시 친절히 설명해 주었습니다.

"그럼 단추를 주면 아이스크림은 살 수 있어? 왜 단추도 동그랗잖아."

다시 제 엄마에게 물었습니다. 이 꼬마 아가씨는 동그란 것은 다 동전으로 생각하는 것 같았습니다. 그래서 제 엄마는 다시 친절히 설명해 주었습니다.

"단추는 돈이 아니야, 그래서 살 수 없는 거야"라고 말해 주고는 이어서 돈의 역할과 기능에 대해 한바탕 경제학(?) 강의를 해 주었습니다.

하지만 우리 손녀는 엄마가 아무리 설명을 해도 잘 알아듣지 못하는 것 같았습니다. 아이는 사실 제 엄마에게 아이스크림이 먹고 싶다고 말한 것인데, 엄마는 자꾸 돈에 대해 설명하는 것처럼 보였습니다. 아이스크림은 충치와 비만의 원인이 된다고 의사인 제 엄마가 잘 사 주지 않으니 모처럼 한번 먹고 싶었던 것이었겠지요.

'모처럼 외출인데, 오늘은 한번 사 주어도 될 듯한데…….'

할아버지의 손주 생각하는 마음이었습니다. 그런데 우리 딸내미는 아직 이 영특한 꼬마 아가씨의 마음을 모르는 것 같았습니다.

사람은 누구나 자기의 관심이 딴 데 있으면 아무리 좋은 설명이라도 귀에 잘 들어오지 않는다는 것을 우리 초보 엄마는 아직 몰랐던 것이지요.

아이들에게 무엇을 가르칠까에 앞서 아이의 관심이 어디에 있는지를 먼저 아는 것이 무엇보다도 중요하지 않겠습니까?

학교 수업,
우습게 보지 마라

　　　　　　나는 최근 몇 년간 책과 방송 출연 때문에 조금 알려지게 되면서 이곳저곳 강연 초청을 많이 받았습니다. 그간 200회 이상의 강연을 하는 가운데 가장 남쪽으로는 제주도에 세 번, 가장 북쪽으로는 의정부까지 두 번 초대받기도 했습니다. 이렇게 먼 곳까지 가게 되면 보통 전날 도착해서 일박을 하고 아침에 강연을 시작합니다.

　제주도에 초청받아 갔을 때의 일입니다. 주최 측에서 고급 호텔을 예약해 주었습니다. 그런데 나는 사실 침대가 익숙하지 않은 데다가 조명 기구나 세면기, 샤워기를 조작하는 것이 서툴기 때문에 고급 호텔이 아직도 부담스럽게 느껴집니다.

그런데 그날 일이 일어나고 말았습니다. 무더운 여름이라 매일 샤워를, 그것도 여러 번 해야 할 텐데 샤워기에서 물이 나오지 않았습니다. 하지만 이것은 내가 물을 트는 방법을 모르기 때문이라는 사실을 바로 알 수 있었습니다. 세면대에서는 물이 나오는데 샤워기에서만 물이 나오지 않을 리가 없을 테니까요. 그렇다고 종업원을 불러서 물어볼 수도 없는 노릇이었습니다. 촌사람이라고 업신여김을 당할까 봐 그랬던 것입니다.

한참이나 헛수고를 하다가 할 수 없이 세면대의 물로 샤워를 하고는 잠을 청했습니다. 그런데 아무래도 이건 아닌 것 같았습니다. 이튿날 아침 일찍 일어나 다시 샤워기를 면밀히(?) 조사하기 시작했습니다. 이리저리 조작하다가 드디어 쏴 하고 물이 쏟아졌습니다. 알고 보니 너무나 간단한 것이라 누가 들으면 배꼽을 잡고 웃을 일이었습니다. 정말 촌사람이라고 놀림감이 되어도 할 말이 없을 것 같았습니다.

그런데 그때 만약 내가 샤워기를 어떻게 트는지 종업원에게 바로 물어 그의 설명을 들었다면 어떻게 되었을까요? 그것을 아는 데 걸리는 시간은 단 몇 초도 되지 않았을 것입니다. '이렇게 간단한 것도 나 스스로 알아내려니 이렇게 생고생이요, 그 많은 시간을 허비했구나' 생각하니 정말 웃음이 절로 나왔습니다.

나는 그 이후로 자주 이 일을 자랑삼아(?) 강연에 활용했습니다.

모두들 재미있어하고 강연 효과도 배가되는 것 같았습니다.

"이처럼 혼자 무엇을 알아낸다는 것은 어려운 일이므로 아이들로 하여금 제발 수업 시간에 선생님의 가르침에 집중하도록 해야 한다"고 강조 또 강조했습니다.

학교 수업에 집중해야 하는 이유

하지만 예나 지금이나 아이들은 그 중요성을 제대로 알지 못하는 것 같고, 학부모들도 역시 그렇게 심각하게 생각하지 않는 것 같습니다. 그래서 대부분의 아이들이 그 긴 수업 시간을 소중히 생각하지 않고 온갖 잡생각을 하거나 딴짓을 하며 헛되게 보내는지도 모르겠습니다.

이건 순전히 나의 경험을 빌려 자신 있게 말하는 것이지만, 요즈음도 이런 아이들의 수업 태도 때문에 선생님들이 수업을 잘 진행할 수 없다는 말을 들어 보면 예나 지금이나 이런 습관들은 변함이 없는 것 같습니다.

내가 방송대 출신들을 더 존경하는 이유가 여기에 있는지도 모릅니다. 누가 뭐라 해도 수업 시간에 선생님 말씀을 잘 듣지 않고 딴짓하는 아이가 공부 잘하는 경우는 아직 보지를 못했습니다.

우리가 교과서에서 자주 접하는 아주 하잘것없어 보이는 작은 공식일지라도 그 공식을 알아낸 학자는 얼마나 많은 세월과 노력을 바쳤을까요? 그런 노고가 배어 있는 것을 우리가 쉽게 선생님의 지도 없이 알아내려고 하는 것은 처음부터 너무 무리한 일이 아닐까요?

아무리 밤샘을 하며 공부를 한다 할지라도 수업 중 선생님으로부터 잠깐 설명을 듣는 것보다는 못하다는 말입니다. 이런 점에서 나의 초중고 생활을 돌이켜 보면 정말 후회가 됩니다.

내가 고등학교를 중퇴하게 된 주 원인 중 하나가 바로 고등학교 1학년 때 수업을 여러 번 통째로 빼먹었기 때문입니다. 나는 그때 특별활동으로 교내 신문반에서 활동했습니다. 그래서 선생님들의 허락하에 자주 수업을 빼먹을 수가 있었습니다. 마치 체육 특기생이 수업을 빼먹고 경기를 위해 연습을 하듯 우리 학교 신문반 아이들은 무슨 특권이라도 받은 양 아주 쉽게 수업을 빼먹을 수 있었습니다. 지금 생각해 보아도 배우는 학생의 신분으로 이만큼 어리석은 일은 없을 것입니다.

이렇게 수업을 빼먹으니 수업 내용을 제대로 이해할 수가 없는 건 당연한 귀결이었습니다. 자연 성적이 좋을 리 없고, 성적이 떨어지니 학교 공부에 흥미를 잃게 되고, 그러다 보니 자신감도 잃게 되고, 이를 바로잡아 줄 코치마저도 없었으니 그 결과야 불문가지가 아니겠습니까?

그래서 나는 나의 전철을 밟지 않도록 무엇보다도 먼저 아이들에게 학교 수업에 집중하도록 주의를 주었습니다.

"먼저 학교 수업에 집중해라. 수업 시간에 잘 듣지 않으면 공부는 그만큼 힘들어진다."

나의 학교생활은 나이 일흔을 바라보는 지금 다시 돌아보아도 정말 후회스러운 일이었습니다.

질문 잘하는 아이로 키우자

나는 암기력이 아주 형편없는 사람입니다. 하지만 아내는 나와는 달리 암기력이 그래도 좋은 편입니다. 아이들 전화번호는 물론 심지어 아이들 주민등록번호, 아이들이 사는 아파트 동호수는 물론이요, 현관 비밀번호까지 다 외우고 있을 정도입니다.

그러나 나는 다행히 생각은 논리적인 편입니다. 어떤 주제를 놓고 토론을 할 때 보면 자기가 한 말에 자기가 스스로 당하는, 이른바 자가당착에 빠지는 경우를 흔히 봅니다. 이에 비해 나는 아직 그런 적이 별로 없다는 점에서 한 가지 재주(?)를 가졌다고 믿는 편입니다. 그래서 나는 어떻게 하면 아이들이 논리적이면서 배운 것들을 오래 기억하게 할 수 있을까 하고 오랫동안 생각했습니다. 아버지를 닮아 암기력이 부족하면 공부를 잘하기 어려울 테니까요. 그래서 생각해 낸 것이 몇 가지 있습니다.

잊지 않고 오래 기억하는 법

첫째, 여러 번 반복 학습을 통해 암기한 것은 그래도 오래 기억에 남습니다. 예를 들면 영어 단어를 암기할 때나 한자를 익힐 때 단번에 완벽하게 외워서 잊지 않으려고 하기보다는 아예 처음부터 잊어버릴 것을 각오하고 외우되 잊어버릴 만하면 다시 반복적으로 보는 것입니다(《가슴높이로 공을 던져라 1》172페이지 참조). 이 방법을 우리 집 다섯 아이들에게 실시해 본 결과 상당히 효과가 있었습니다. 처음부터 완전히 외워 잊지 않아야지 하는 강박관념을 갖고 시작하면 오히려 제풀에 쉽게 지치기 때문입니다.

둘째, 잘 이해되지 않는 수학 공식 같은 것을 이해하는 방법으로 선생님에게 질문을 하게 하는 것입니다. 나는 아이들이 수학 문제를 물어 오면 당장에 답해 주는 법이 없었습니다. 대부분 내가 알 수 없는 어려운 문제이기 때문이기도 하지만 다른 이유가 하나 더 있었습니다. 선생님에게 질문을 해서 알게 된 내용은 잘 잊어버리지 않는다는 것을 경험으로 알고 있었기 때문입니다. 그래서 아이들이 내게 물어 오면 반드시 "선생님에게 내일 질문해 보라"고 했습니다.

그리고 난 다음 아빠에게도 알려 달라고 주문을 했습니다. 이해가 되지 않으면 두 번이고 세 번이고 완전히 이해가 될 때까지 질문을 하라고 했습니다. 대충 알 만하다고 해서 질문을 그만두지 말고 확실히 알게 될 때까지 질문하라고 말해 주었습니다.

내가 그렇게 권한 이유는, 아이들은 선생님에게 여러 번 질문하는 게 미안해서 대충 질문하는 수가 많기 때문입니다. 혹 우리 아이도 내가 어릴 때에 그랬던 것처럼 선생님이 설명을 하시고 난 후 "이해되지?"라고 물으면 다 이해하지 못해도 다시 묻는 게 미안해 그만 "예" 하고 더 이상 질문하기를 포기할까 염려했기 때문입니다.

선생님이 좀 귀찮을 정도로 질문하도록 아이들에게 주문했습니다. 우리 아이들이 잘 이해하는 것에 그치지 않고 오래 기억하게 하는 방법으로 이만한 게 없을 것이라 생각했기 때문입니다.

사람은 왜 이렇게 질문을 통해 얻은 해답은 그냥 책을 읽고 이해한 것이나 암기해 얻은 것보다 오래 기억하는지를 생각해 볼 필요가 있습니다.

우리가 어떤 질문을 할 때는 그냥 질문하는 것이 아닙니다. 누구나 질문하기 전 그 내용을 철저히 분석하고 자기가 무엇을 제대로 이해하지 못하는지를 살핀 다음 논리적으로 질문을 하기 때문입니다. 우리가 가장 염려해야 하는 것은 우리 아이가 어떤 교과 내용을 단순히 이해하지 못하는 것이 아니라, 그것을 이해하는지 못하는지조차도 모를 경우입니다. 이런 경우는 아주 희망이 없기 때문입니다.

"아버님 아이들 덕분에 지금도 밥 먹고 삽니다"

둘째 아이까지 대학에 들어가고 난 어느 날, 우연히 길에서 아이들 중학교 때 선생님을 만났습니다. 이런저런 인사 끝에 우리 아이들이 학교 다닐 때 어떻게나 질문을 많이 하는지 혼났던(?) 일을 이야기해 주셨습니다.

자기는 구룡포중학교에 처음 발령을 받았는데, 시골 학교인지라 쉽게 초임을 마치고 도시 학교로 전근을 갈 줄로 생각했다고 합니다. 그런데 막상 부임을 하니 그게 아닌 것이, 2학년 교실에 들어가면 황보○○이란 아이가 질문을 쏟아 놓고, 다시 3학년 교실에 들어가니 또 황보○○이란 아이가 질문을 해 대는데, 그것도 아주 예리하게 질문을 퍼부어서 자기는 정말 정신을 차리지 못했다고 합니다. 늘 "다시 알아보고 설명해 주겠다"고 대답할 수밖에 없었다고 합니다. 우리 아이들의 질문은 하나같이 쉽게 답할 수 있는 그런 문제는 아니었다고 하셨습니다.

그래서 자신은 수업 준비를 더 철저히 하게 되었고, 그 때문에 오늘날 자신이 대도시 학교에 가서도 별 어려움 없이 가르칠 수 있게 되었다며 "저는 아버님 아이들 덕분에 지금도 밥 먹고 삽니다" 하고 우스갯말을 하셨습니다.

한 달에 3번만 질문하면 된다

이 이야기는 당시 우리 아이들이 얼마나 질문을 많이 했는지를 보여 주는 한 예에 불과하지만, 우리 아이들이 수학 공식이나 어려운 과학적 원리를 잘 기억할 수 있었던 것은 대부분 이렇게 질문을 통해 이해했기 때문이 아닌가 생각합니다.

초등학교 아이들 교과서 중 수학의 경우를 들어 보면, 그 기준에 따라 다르긴 하겠지만 원의 면적을 계산하는 공식 정도의 난이도가 조금 높은 공식은 초등학교 6년을 통틀어 100개도 채 안 된다고 합니다.

물론 초등학교 1~3학년 교과서에 어려운 공식이 나올 리는 없을 것입니다. 그렇다면 다 초등학교 4~6학년 교과서에 나온다는 말인데, 이를 통틀어 나누어 보면 4~6학년 각 학년마다 30개쯤 된다는 말이고, 다시 이를 월별로 나눈다면 한 달에 3개 정도의 어려운 공식을 만난다는 이야기가 됩니다.

결국 어려운 공식을 이해하고 오래 기억하기 위해서는 한 달에 겨우 3번의 질문만 하면 된다는 이야기가 되는 것입니다. 얼른 생각하면 세 번의 질문 정도야 못하겠는가 싶지만, 초등학교 6년 졸업 때까지 단 한 번도 수업 내용과 관련해 수업 시간 중에 질문하지 않는 아이가 대부분이라는 사실을 생각할 때 왜 아이들이 공부를 그렇게 따라가지 못하는지 이해할 수 있을 것입니다.

나의 경험으로는 수업 중에 질문 잘하는 아이들은 대부분 공부 잘하는 아이들이었습니다. 역으로 말하면, 질문을 잘하면 공부를 잘하게 된다는 말도 될 것입니다.

우리 아이 공부 잘하게 하려면 무엇보다도 수업 중 질문 잘하는 아이로 키워야 합니다. 어디 학교 공부뿐이겠습니까. 질문을 한다는 것은 궁금한 것이 있다는 뜻이고, 궁금한 게 있다는 것은 어떤 일에 관심을 가지고 골똘히 생각해 봤다는 증거일 것입니다. 인생을 살면서 아무 생각 없이 하루하루를 보내는 사람과 무언가에 궁금증을 가지고 알려고 노력하며 사는 사람, 이 둘 중에 누가 성공적인 삶을 살게 될까요?

듣기도 하시고
묻기도 하시니

　　　　　우리는 종종 우리의 옛 교육 방식인 서당식 교육과 유대인들의 교육을 비교합니다. 우리의 옛 교육은 먼저 천자문을 외우는 암기식인 데 비해 유대인의 교육은 대화식이라고 합니다.

　옛날 유대인들이 그들의 자녀들을 어떤 식으로 교육했는지 자세한 기록을 찾지 못해 잘 알 수는 없지만, 우리가 쉽게 접할 수 있는 성경을 통해 당시를 조금이나마 엿볼 수 있습니다. 여기 한 곳을 보기로 하겠습니다.

　"그의 부모가 해마다 유월절이 되면 예루살렘으로 가더니 예수께서 열두 살 되었을 때에 그들이 이 절기의 관례를 따라 올라갔다가 그날들을 마치고 돌아갈 때에 아이 예수는 예루살렘에 머무셨더라.

그 부모는 이를 알지 못하고 동행 중에 있는 줄로 생각하고 하룻길을 간 후 친족과 아는 자 중에서 찾되 만나지 못하매 찾으면서 예루살렘에 돌아갔더니 사흘 후에 성전에서 만난즉 그가 선생들 중에 앉으사 그들에게 듣기도 하시며 묻기도 하시니 듣는 자가 다 그 지혜와 대답을 놀랍게 여기더라."

이 내용은 성경 누가복음 2장 41~47절에 나오는 이야기로 당시 유대인들이 어린이들을 어떻게 대우했는지를 엿볼 수 있는 대목입니다.

1세기 무렵 예루살렘 성전에서 가르치는 '선생'은 아마 상당한 지위와 권위를 가진 사람들이었을 것입니다. 그런데 그 사람들이 12살짜리 아이를 대화 상대로 대해 주었다는 데 우선 눈길이 갑니다. 더 주목해야 할 부분은 당시의 교육이 일방적이 아닌, 서로 질문하고 답하는 대화식으로 진행되었다는 점입니다. 어느 때나 교육이란 일방적이고 주입식이라 생각하기 쉬운데, 이 장면을 보면 전혀 그렇지 않음을 알 수가 있습니다.

그런데 성경의 모든 기록들은 "교훈과 책망과 바르게 함과 의로 교육하기에 유익"(딤후 3:16)하다고 했습니다. 그러므로 이상의 이야기도 단순히 사실을 알려 주기 위해 기록한 내용이 아니라 어린 사람을 교육하기 위한 모범적 사례로 기록하지 않았나 생각합니다.

우리는 쉽게 '내 자식은 내가 말하기만 하면 무엇이나 잘 알아들을 것'이라 생각하기 쉽습니다. 하지만 우리가 어린아이였을 때를 돌아보면 이것이 얼마나 큰 착각인지를 금방 알 수 있습니다. 부모들은 때때로 너무 심하게 그리고 무섭게 대하므로 아이들은 부모에 대한 두려움이 앞선 나머지 도무지 무슨 말을 하는지 이해를 하지 못할 때가 많습니다. 어떤 때는 앞뒤 설명 없이 말하기 때문에 더 어려움을 겪기도 합니다. 그때 만약 우리의 부모들이 자상하게 말하며, 바로 우리의 의견을 물어보고 제대로 다시 설명을 해 주었더라면 아마 우리의 마음은 달리 움직였을지 모릅니다.

이제 우리는 '왜'라는 질문을 용납하지 않았던 옛 우리 부모님들의 교육이 얼마나 우리를 힘들게 했는지를 돌아보고 있습니다. 그리고 나 자신도 자식들에게 더는 이런 실수를 반복하지 말아야겠다는 다짐을 합니다.

꼭 명심해야 할 것은 절대로 아이들이 하는 질문에 핀잔은 주지 말아야 한다는 점입니다. 사람은 누구나 이해를 하지 못하기 때문에 질문을 합니다. 그러므로 질문의 방향이 틀릴 수도 있고, 전혀 이해할 수 없는 엉뚱한 질문을 할 수도 있습니다. 어떤 경우 우리 아이들은 자기가 하는 질문의 윤곽도 제대로 이해하지 못하고 질문을 합니다.

그러나 우리는 언제나 자녀들과 소통 가능한 분위기, 그리고 기회를 마련해야 합니다. 이것이 부모가 해야 할 일입니다.

아빠, 벌써 까먹었나?

어느 교회에서 강연할 때의 일입니다. 한 분이 이렇게 질문을 했습니다.

"집의 아이들은 다 아이큐가 높은 모양이지요?"

그러고는 내 대답을 들어 보지도 않고 그냥 가 버렸습니다.

우리 아이들의 경우에는 아이큐가 높은 아이가 꼭 공부를 더 잘한 것은 아니었습니다.

육체적 노동도 방법에 따라 쉽게 하는 사람이 있는 반면에 방법을 몰라서 힘만 들지 성과가 별로 없는 사람이 있는 것과 같은 이치가 아닌가 생각합니다. 이처럼 공부도 방법에 따라 효과가 다른 건 확실한 듯합니다. 공부 방법을 잘 받아들이고 잘 적용하는 아이가 우수한 성적을 내는 것은 자명한 일입니다.

아이를 선생님으로 만들어라

그 방법 중 하나가 앞서 이야기한 '질문 잘하는 아이로 키워라'입니다. 그러나 여기에서 한발 더 나아가 '아이가 선생님이 되게 하라'도 한 가지 방법이 아닌가 생각합니다. 자신이 질문을 통해 배운 바를 다른 사람에게 가르쳐 보게 하는 것입니다. 문제에 대한 이해를 더 분명히 하고 기억을 오래 가게 하는 데 이보다 더 좋은 방법은 없다고 생각합니다.

우리 집의 경우 아이들이 누굴 가르칠 때 엄마 아빠가 자주 학생 역할을 했습니다. 특히 초등학교 때 나오는 기초 수학 공식 같은 것은 이런 방법으로 익혔을 때 아주 오래 기억에 남았습니다.

무슨 일이나 다 그렇지만 특히 수학은 기초가 부실하거나 기본 개념이 잘 정리되어 있지 않으면 그 상위 개념을 제대로 이해할 수가 없습니다. 이에 앞서 한 가지 더 분명히 알아야 할 것은 수학을 잘하지 못하면 자연계 진학은 일찌감치 포기해야 한다는 사실입니다. 그러므로 결코 소홀히 해서는 안 되는 과목입니다. 수학을 잘하면 다른 어떤 과목을 잘하는 것보다 훨씬 더 진로의 폭이 넓어집니다. 그 때문에 나는 우리 아이들에게 시간이 있을 때마다 수학의 비중과 중요성을 일러 주었습니다.

한편으론 어떻게 하면 내가 그렇게도 싫어했던 수학을 우리 아이들이 재미있게 잘 익히도록 할 수 있을까 생각했습니다. 그래서 생각해 낸 것이 '우리 아이, 선생님이 되게 하는 것'이었습니다.

나는 자전거로 아이들을 등교시키면서 자주 "어제 아빠에게 질문한 것 오늘 선생님에게 여쭤 보고, 저녁에 아빠에게도 꼭 가르쳐 다오" 하고 당부했습니다. 이렇게 부탁을 받으면 엄마 아빠에게 가르칠 것을 염두에 두고 배우게 되니 더 잘 알아 올 것이라 생각했기 때문입니다. 나아가 아빠 엄마에게 가르쳐 봄으로써 더 정확히, 더 오래 기억하게 될 테니까요.

묻고, 가르치고, 또 가르치고

아이가 돌아오면 "어제 아빠에게 물어본 수학 문제, 선생님에게 여쭤 봤나?" 확인을 하고는 "저녁에 꼭 아빠에게 가르쳐 달라"며 다시 다짐을 했습니다. 저녁이 되면 아빠가 학생이 되고 아이가 선생이 되는 '학교 놀이'를 시작했습니다.

물론 이 경우에 아빠는 경청을 함과 동시에 질문도 하면서 아이들로 하여금 이 문제를 이해할 뿐 아니라 더 오래 기억하도록 도와주었습니다. 하지만 이것만으로는 아직 부족합니다. 그 문제를 더 확실히 이해할 필요가 있다고 생각되면 며칠 후 다시 물어볼 수도 있을 것입니다.

"며칠 전에 아빠에게 가르쳐 준 문제, 아빠는 또 까먹어 버렸다. 한 번 더 가르쳐 줄래?" 하면서 말입니다.

이렇게 되물으면 보통의 경우 "아빠, 벌써 까먹었나?" 하며 즐겁게 한 번 더 수고를 해 줍니다.

이것으로 벌써 몇 번이지요? 세 번입니다. 처음 선생님에게 질문한 것 한 번, 아빠에게 선생님이 되어 가르친 것 한 번, 며칠 후 다시 가르친 것 한 번. 아마 이 문제는 평생토록 잊을래야 잊을 수 없는 문제가 될 것입니다

이렇게 하나하나 익힌 수학 공식이 모여 기초가 튼튼한 수학이 되고, 그 기초가 바로 난공불락 성벽과 같은 실력이 되기 때문입니다.

아이에게 심심할 틈을 주자

우리 동네는 읍내에서도 2킬로쯤 떨어진 산촌입니다. 가구 수가 적다 보니 구멍가게는 물론이고 놀이 시설도 전혀 없는, 그야말로 산골입니다.

막내 율이는 제 누나들이 학교 갔다 돌아올 때까지는 같이 놀 친구가 없어 매일 마당에 매어 둔 소하고 놀았습니다. 소가 애완동물이자 친구였던 셈이지요. 가끔씩은 지나가는 들고양이가 우리 율이의 친구가 되어 주기도 했습니다. 우리 율이는 자기가 입으로 내는 똑, 똑, 똑 소리에 들고양이들이 돌아보고 걸음을 멈추는 것이 참 신기하기도 했을 것입니다. 고양이들은 간혹 먹이를 던져 주면 냉큼 받아먹기도 했습니다.

이렇게 심심하게 놀다가 누나들이 하나둘 학교에서 돌아오면 마치 몇 년 만에 만난 친구를 대하듯 좋아라 하며 놀았습니다.

이런 일은 막내가 학교에 입학해서도 계속되었습니다. 그때에도 이미 젊은이들은 다 돈벌이를 위해 도시로 나가서 동네에 젊은 사람이 거의 없었으니 막내의 경우에는 같이 놀아 줄 또래 친구들이 없었습니다.

그러다 우리 집에도 텔레비전을 들여놓았습니다. 이제 우리 아이들에게 심심한 시간이 상당히 줄어들었습니다. 종일 텔레비전이 나오는 것은 아니지만 그래도 학교 갔다 돌아와 조금 있으면 방송이 시작되니 전처럼 그렇게 심심하지는 않았습니다.

문제는 이때부터 생겼습니다. 심심하던 차에 텔레비전이 들어오니 아이들이 아주 텔레비전 앞에 붙어서 살 작정을 했기 때문입니다. 만화영화는 물론이고 연속극까지 다 보느라 밤이 이슥할 무렵까지 텔레비전 앞에 붙어 있는 모습을 보니 슬슬 걱정이 되기 시작했습니다. 물론 처음에는 이게 너무 신기한 물건이라 그냥 두었습니다. 그런데 차츰 걱정이 커지기 시작했습니다.

우리 첫째랑 둘째가 서울에 살 때에도 우리 집에는 텔레비전이 없었습니다. 그래서 어쩌다 한 번씩 옆집 만화가게에 가서 돈을 내고 보는 정도였으니, 텔레비전의 폐해가 얼마나 심각한지를 몰랐습니다. 그러다 이제 우리 집 안방에 텔레비전이 떡하니 놓이게 되니 문제가 심각해진 것입니다.

어느 날 우리 집 텔레비전이 고장이 났습니다. 산꼭대기에 세워 둔 안테나가 태풍에 부러진 것입니다. 이런 상태가 며칠 계속되자 우리 아이들은 다시 심심해졌습니다. 산골 동네 집집마다 그런 일이 벌어졌으니 안테나 고치는 기술자를 부르는 일도 그리 쉽지가 않았습니다.

하지만 아이들이란 마냥 가만히 앉아서 시간을 보내지는 않습니다. 언제나 무엇을 만들어 놀든지, 정 만들 게 없으면 돌멩이를 가지고서라도 놀게 마련입니다.

마침 방학 중이었던 막내는 이제까지 읽어 온 책들을 하나둘 꺼내 다시 읽기 시작했습니다. 막내는 자주 《삼국지》를 다시 꺼내 읽은 것으로 기억됩니다.

나는 이때다 싶어 거의 한 달 이상을 일부러 안테나를 고치지 않았습니다. 마음 같아서는 텔레비전을 아주 없애버리고 싶었지만 아이들이 학교에 가서 텔레비전도 없는 가난한 집 아이들로 비칠까 봐 그렇게까지 하지는 않았습니다.

6권짜리 《삼국지》를 몇 번이나 읽었는지는 알 수 없지만 그 후 막내는 그야말로 스펀지가 물을 빨아들이듯 책에 나오는 어려운 단어들을 저절로 익혔습니다. 어느 날부터는 《삼국지》에 나오는 고사성어들을 술술 말하기 시작했습니다. 초등학교 4학년짜리 입에서 '사

면초가', '삼고초려', '오합지졸', '목우유마', '경거망동' 같은 고사성어가 자연스럽게 흘러나왔습니다. 어린아이의 입에서 나오는 고사성어를 듣고 있으면 이놈이 아이인지 어른인지, 오랫동안 나를 미소 짓게 만들었습니다.

그런데 우리 손주들을 가만히 보니 요즈음 아이들은 예전에 비해 너무 심심할 새가 없습니다. 처치 곤란할 정도로 많은 장난감과 종일 나오는 텔레비전에다 컴퓨터, 거기에 손을 떠날 새가 없는 스마트폰까지, 도무지 심심할 틈이 없습니다.

이런 세상이 되었으니 아이들은 좀 심심하게 키워야 한다는 말이 무슨 설득력이 있겠습니까만, 아무리 생각해도 이건 너무하다는 생각을 하지 않을 수가 없습니다.

우리 아이들이 텔레비전과 컴퓨터, 스마트폰에 빠져 산다면 정신은 물론 육체까지 허약해질 수 있습니다. 요즘 아이들이 체격은 과거보다 많이 커졌지만 체력은 오히려 예전만 못한 것도 이와 관계있는 것 아닐까요? 아이들에게 심심한 시간을 만들어 주어야 합니다. 심심해야 책도 읽고 운동도 할 수 있을 테니까요.

우리 부모들이 조금만 지혜를 발휘하면 가능한 일 아닐까요?

한두 개는 틀렸으니 찾아봅시다

어릴 때부터 잘 붙여진 습관은 평생 가는 경우가 많으며, 좋은 습관은 우리를 품격 있는 사람으로 만들어 줍니다. 그런데 어떤 습관은 어릴 때 붙이지 않으면 불가능한 경우가 많습니다. 어린아이들이 시험 문제를 풀 때 검산하는 습관이 바로 이런 경우가 아닌가 생각합니다.

시험이란 원래 누구에게나 골치 아픈 일입니다. 그러므로 시험을 칠 때에는 언제나 이 곤경(?)에서 빨리 빠져나오려는 심리적 압박을 받게 됩니다. 그래서 막상 다 푼 문제를 다시 검산하려고 하면 머리부터 먼저 아파옵니다.

그래서 대부분의 아이들은 검산을 아예 하려고 하지를 않습니다.

우리 아이들도 마찬가지였습니다. 그래서 이 어려움을 극복하는 방법이 없을까 여러모로 생각해 보았습니다. 궁리에 궁리를 거듭한 끝에 시험이 가까워 올 무렵이면 언제나 이런 노래를 부르게 했습니다.

"한두 개는 틀렸으니 찾아봅시다. 보물찾기 하듯이 찾아봅시다."

이게 내가 지은 노래의 가사 전부입니다. 곡조도 없습니다. 그때그때 기분에 따라 반복적으로 흥얼대며 부르는 것입니다. 집에서 학교까지 논길을 따라 자전거를 타고 가면서 사람이 지나가면 낮게, 사람이 없으면 좀 크고 높게 이 노래를 불렀습니다. 그냥 그렇게 부녀가, 때로는 부자간에 이중창으로 부르는 것입니다.

골치 아픈 일, 즐겁게 할 수는 없을까?

특히 이 노랫말에서 '보물찾기'라는 말을 강조했습니다. 우리 어릴 적 학교생활에서 가장 즐거웠던 때를 꼽으라면 가을 운동회와 봄가을 소풍이었습니다. 그중에서도 봄가을 소풍, 특히 보물찾기 놀이를 할 때가 가장 즐거운 시간으로 기억됩니다. 어려운 일을 당하게 될 때 예전의 즐거웠던 기억을 떠올리면 상당히 극복하기가 쉬웠다는 게 생각이 나서 그렇게 가사를 만들어 본 것입니다.

우리는 힘든 일을 할 때 자주 노래를 부릅니다. 고달픔을 잊게 하기 위해서일 것입니다. 우리의 노동요가 다 그런 노래들입니다.

나는 아이들이 시험이라는 어려운 일, 특히 검산이라는 골치 아

픈 일을 좀 더 쉽게 극복하도록 도와주기 위해서 이와 같은 노래를 부르게 했습니다. '보물찾기 하듯이 찾아봅시다' 하는 가사는 골치 아픈 검산을 봄가을 소풍 때 보물찾기하듯 아이들이 좀 더 즐겁게 해낼 수 있지 않을까 해서 붙인 것입니다.

가사와 곡은 아이들의 기분에 따라 약간의 변화를 주면서 부르게 했습니다. 자전거에 태워 논길을 따라 등교를 시키면서 이 노래를 같이 불렀는데 그런대로 재미가 있었던 것 같습니다.

어느 날입니다. 막내가 학교에 갔다 돌아오자마자 호들갑을 떨며 말했습니다.

"아빠, 내 오늘 큰일 날 뻔했다."

이 말에 나는 깜짝 놀랐습니다.

"왜? 교통사고라도 날 뻔했나?"

그게 아니었습니다.

"내가 오늘 '한두 개는 틀렸으니 찾아봅시다' 안 했으면 큰일 날 뻔했다 아이가?"

그리고 다시 말을 이었습니다.

"나는 다시 검산을 해서 안 틀렸는데, 내 친구 ○○이는 그만 그 문제를 틀렸지 뭐야? 아빠 아니었으면 큰일 날 뻔했다" 하며 고개를 잘래잘래 흔들면서 말했습니다. 그도 그럴 것이, 바로 그 한 문제 덕분에 막내가 전 학년 일등을 했기 때문입니다. 아빠가 가르쳐 준 그 노래를 속으로 부르며 검산을 했기 때문이라는 것입니다.

사실 아이들의 실력이란 게 도토리 키 재기인 경우가 많습니다. 이 경우 검산을 하느냐 안 하느냐에 따라 점수 차이가 나게 되어 있습니다.

검산은 간단한 것부터 시도해야

여기서 주의해야 할 점은, 처음 검산은 어려워서 풀지 못한 문제를 다시 되풀어 보게 하는 것이 아니라는 것입니다. 잘못 푼 게 있나 없나 하나하나 다시 재검토를 해보는 것도 아닙니다. 우리 아이들의 검산은 문제를 여백에 푼 다음 그 답을 답안지에 옮겨 적을 때 자칫 잘못 옮겨 적은 것이 있나 없나 찾아보는 것입니다.

이렇게 하도록 한 것은 이건 비교적 쉬운 일이기 때문입니다. 다 푼 문제를 모두 다시 점검하는 일이란 얼마나 귀찮고 어려운 일입니까? 도저히 알 수가 없어 풀지 못한 문제를 다시 풀어 보게 하는 것 또한 너무나 골치 아픈 일입니다.

그런데 의외로 아이들은 시험지 여백에 옳게 풀어 놓은 답을 답지에 잘못 옮겨 적는 경우가 아주 많았습니다. 저학년일수록 더 심했습니다. 예를 들면 답은 2라고 잘 풀고는 답안지에 옮겨 적을 때 다음 수 3으로 잘못 표기하는 경우입니다. 이렇게 잘못 표기한 것을 그냥 찾아보는 것 정도는 우선 쉬운 일이라 쉽게 시도를 해 보지 않을까 생각했습니다.

　아무리 좋은 의도라도 아이들이 검산하는 일을 실천하지 않으면 부모님의 주문이란 게 아무 소용이 없습니다. 아이들은 복잡한 일은 아주 싫어합니다. 그렇기 때문에 우선 간단한 것부터 시도해 보라고 해야 합니다. 그러다 차츰 이에 재미를 붙이면 좀 더 복잡하고 어려운 것에도 욕심을 낼 것이라 생각했기 때문입니다.

　이렇게 검산에 한번 맛을 들인 아이들은 절대로 이 일을 게을리 하지 않습니다. 이런 습관은 중·고등학교에 가서도 잊지 않았으며, 조금 머리가 떨어지는 아이들도 시험을 잘 보게 해 주었습니다.

　우리 막내가 초등학교 6학년 때의 일입니다. 군(郡) 교육청 주최로 수학 경시대회가 있었습니다.

　그런데 무슨 일인지, 시험 끝난 지가 한참 지났는데도 아이들이 하나도 나오지 않았습니다. 조금 지나서 관계자 선생님이 나오시더니 "오늘은 좀 곤란한 일이 일어났다"고 하셨습니다. "시험 문제가 너무 어렵게 출제되는 바람에 아이들이 미처 절반도 풀지 못하고 종료 시간이 돼서 불가피하게 시험 시간을 30분 정도 더 주기로 긴급히 조정했다"고 하셨습니다.

　그리고는 "비바람이 부니 밖에 계시지 말고 모두 강당 안으로 들어오시라"고 하셨습니다. 나는 '별 희한한 시험도 다 있다' 싶었지만 선생님들의 안내를 받아 강당 안으로 들어갔습니다. 강당은 상당히 넓어서 아이들이 시험을 보는데 우리 때문에 방해받는 일은 없을 것 같았습니다.

막내는 맨 앞자리에서 시험을 치고 있었습니다. 그런데 시험을 치는 학생 중 단 한 명도 시험지를 제대로 보고 있는 아이가 없었습니다. 모두 연필과 지우개를 시험지 위에 놓고는 그냥 가만히 앉아 있었습니다. 문제가 너무 어려워 더 살펴보기를 포기한 것 같았습니다.

그런데 막내는 그게 아니었습니다. 마지막 종이 울릴 때까지 계속 하나하나 살피고 있는 것 같았습니다. 시험에 임하는 태도로 보아 꼭 입상을 할 것 같은 예감이 들었습니다.

물론 결과가 나오기까지는 쉽게 예단하기가 어렵습니다. 그러나 나는 우리 아이가 좋은 성적으로 입상하리라는 느낌이 들었습니다. 예상대로 며칠 후 막내는 그 경시대회에서 전 학년 최우등 상을 받았습니다.

검산은 시험 때만 필요한 것?

내가 어릴 적부터 검산하는 습관이 꼭 필요하다는 내용으로 여러 차례 강연을 한 적이 있습니다. 그런데 의외의 반응을 보이시는 분들이 가끔 있었습니다. 이런 습관이 좋기는 한데, 어릴 때부터 너무 점수에 집착하게 하는 게 아닌가 하는 염려였습니다. 나는 그런 사람을 대할 때마다 이렇게 자문을 해 보았습니다.

'그렇다면 시험 문제를 다 풀면 더 살펴보지 말고 그냥 덮어 버리고 나오라고 하는 게 인성을 더 좋게 하는 것인가?'

아무리 생각해도 그건 아닌 것 같았습니다. 아이들이 자신이 푼 시험지 답안을 다시 검산하는 습관은 시험에만 국한되는 게 아닌 것 같습니다. 이 좋은 습관은 자신이 한 일을 재검토하는 습관을 갖게 하는 것이기 때문입니다.

우리 넷째는 약사입니다. 약국에 가서 보면 넷째는 늘 자신이 조제한 약을 하나하나 다시 살펴봅니다. 의사의 처방전대로 조제하고 포장했는가를 살피는 것입니다. 하루 이틀 하는 일도 아닌데 매번 점검합니다. 그것도 손가락으로 하나하나 짚어 가며 실수가 없는지 살핍니다.

나는 이런 점검이야말로 바로 시험 때마다 하나하나 다시 살피는 '검산하는 습관'에서 오지 않았나 생각합니다. 우리 첫째가 자신이 쓴 논문을 하나하나 다시 점검하며 마지막까지 검토를 하는 것도, 둘째가 검사 기록지를 하나하나 다시 살피는 것도, 셋째와 다섯째가 진료 기록부를 다시 하나하나 체크하는 것도 다 이런 습관에서 비롯되지 않았나 생각합니다.

단 한 번의 실수가 바로 환자들의 생명과 직결되는 것이니만큼 의사로서 약사로서 다시 짚어 가며 살피며 점검하는 것은 당연한 일이며 어릴 때부터 재점검하는 습관을 들인 덕분이 아닐까 생각합니다.

"한두 개는 틀렸으니 찾아봅시다. 보물찾기 하듯이 찾아봅시다."
 이렇게 보물찾기 하듯 노래하며 재검산하는 일, 누가 뭐라고 해도 아이들이 꼭 붙여야 할 습관이 아닐는지요?

딸의 보물찾기, 이제는 손주가

몇 년 전 KTX를 타고 고향으로 내려가는 길에 막내딸한테서 전화가 왔습니다. 옆 사람에게 실례가 될까 봐 조심스럽게 목소리를 낮추어 전화를 받았습니다. 딸아이의 목소리는 나의 이런 조심과는 무관하게 아주 유쾌했습니다.

막내는 어제 둘째 언니 집에 갔습니다. 당시 우리 둘째는 초등학교 2학년과 1학년 남매를 두었습니다. 막내딸아이가 현관문을 들어서자 제일 먼저 맞이한 사람은 바로 이 조카들이었습니다.

"막내이모, 내 며칠 전에 학교서 시험을 쳤는데 전 과목 백 점 맞았다!"

이렇게 또박또박 말하는 조카가 너무 귀여워 이모는 이렇게 칭찬을 해 주었습니다.

"아이고, 우리 은산이 정말 잘하는구나! 대단하다. 어떻게 전 과목 다 백 점을 맞을 수 있지?"

그러자 우리 손주는 신이 나서 다시 말을 이었습니다.

"이건 다 내가 시험 치기 전에 엄마가 시키는 대로 했기 때문이야. 엄마가 맨날 시험 칠 때는 노래를 불러야 한다고 했어. 뭔지 알아?"

"그래, 그 노래 뭔지 한번 들어 보자."

이모의 말이 떨어지자 마자 우리 은산이는 노래를 부르기 시작했습니다.

"한두 개는 틀렸으니 찾아봅시다. 보물찾기 하듯이 찾아봅시다."

제법 몸을 이리저리 흔들면서 노래를 불렀습니다.

"이모, 이 노래 모르지?"

"아이고, 우리 은산이도 그 노래를 불렀어?"

이모가 묻자 다시 우리 은산이 입에서 또 말이 이어졌습니다.

"시험을 칠 때는 이 노래를 부르면서 답지를 꼭 다시 살펴보는 거야. 혹시 답을 잘못 쓴 게 있는지 없는지 살피면서 말이야."

우리 은산이는 아주 신이 났습니다.

"그런데 있잖아, 내가 혹시 잘못 쓴 답이 있나 살펴봤는데, 글쎄 두 개나 있지 뭐야. 그래서 얼른 고쳤지. 이 노래를 부르면서 살펴보지 않았으면 두 개나 틀렸을 테고, 전 과목 백 점은 못 맞았을 거야."

이모는 "아이고, 우리 은산이 정말 잘했구나" 하고 그 노래의 내력을 들려주었습니다.

"그런데 말이야, 그 노래는 엄마가 맨 처음 지어 우리 은산이한테 가르쳐 주신 게 아니란다. 그 노래는 맨 처음 할아버지가 큰이모한테, 그다음 엄마한테 가르쳐 주신 노래야. 그리고 둘째 이모, 셋째 이모, 외삼촌에게도 가르쳐 주신 노래야. 그때 엄마도 그걸 배워 우리 은산이한테 또 가르쳐 주신 거지."

이 말을 듣자 우리 은산이는 깜짝 놀라며 말했습니다.

"아, 그래? 할아버지가 그런 것도 알아? 할아버지는 그렇게 유명한 거야?"

대를 이은 자녀 교육

전화를 끊고 생각해 보니 어찌 옛날이야기 같았습니다.

얼마를 달렸을까? 창밖을 보니 저 멀리 우리 동네와 비슷한 마을이 보였습니다. 꼬부랑 논둑길. 그 길로 학교에 오가며 "한두 개는 틀렸으니 찾아봅시다. 보물찾기 하듯이 찾아봅시다" 노래 부르던 우리 아이들이 생생히 떠올랐습니다.

집에 들어서기 바쁘게 땀을 뻘뻘 흘리며 "아이고, 내가 '한두 개는 틀렸으니' 하지 않았다면 큰일 날 뻔했다" 이렇게 숨가쁘게 말하며 우리 막내가 금방 마당을 들어오는 것 같았습니다.

이 노래는 음정도 없고 박자도 없는 노래입니다. 그때마다 제멋대로 부르던 노래입니다. 어쩌면 요즘의 랩과 비슷한 것인지도 모릅니다. 우리 아이들 모두 아빠와 손을 잡고 들길을 걸어가면서, 때로는 아빠 자전거 뒷자리에 앉아 이 노래를 따라 부른 지도 벌써 20년이 훨씬 더 지났습니다. 이제 자녀 교육도 대를 이어 가는구나 하는 생각이 들었습니다.

내가 처음 책《꿩 새끼를 몰며 크는 아이들》을 낸 지도 벌써 10년이 훨씬 넘었습니다. 그사이 우리 아이들은 결혼을 하고 나도 여섯 손주의 할아버지가 되었습니다. 하루가 다르게 자라나는 손주들을 보고 있노라면 여간 마음이 즐겁지 않습니다.

이게 이 할애비의 낙인가 봅니다.

공부는 엉덩이로 한다?

우리 아이들은 모두 그림 그리기를 좋아했습니다. 왜 그런지는 알 수가 없습니다만, 다섯 아이가 다 그랬으니 그림 그리기 싫어하는 아이들도 있을까 하는 생각이 들기도 합니다. 물론 자기가 좋아하는 그림을 그리게 해야겠지요.

우리 막내가 초등학교에 들어가기도 전에 어린이날 행사로 그림 그리기 대회에 나간 적이 있었습니다. 그림 그리기 대회는 보통 세 시간입니다. 하지만 어떤 아이들은 한 시간도 채 되기 전에 뚝딱 다 그려서 본부석에 그림을 내고는 다른 아이들이 그림 그리는 것을 구경하거나 엄마와 같이 맛있는 걸 사 먹으면서 나머지 시간을 보냅니다.

두 시간 정도 지나면 그림 그리는 아이들은 별로 볼 수가 없고 삼삼오오 모여 잡담을 하는 경우가 대부분입니다. 본부석 텐트에 있던 많은 사람들 가운데 이제 몇 명만이 겨우 자리를 지키고 있습니다. 이때까지도 그림을 그리고 있는 아이는 우리 아이들 셋뿐인 것 같았습니다.

마지막 시간이 가까워 오자 사람들이 우리 아이들 주변에 모이기 시작했고, 선생님들까지 우리 아이들 뒤에 서서 그림을 감상(?)하고 있었습니다. 특히 아직 초등학교에 들어가기도 전인 어린아이가 어떻게 세 시간 동안이나 그림을 그릴 수 있는지, 그 끈기에 놀라워했습니다. 그런데 이런 일은 이미 집에서 자주 있었던 일이었습니다. 그림 그릴 때 세 시간은 우리 아이들에게 조금도 지루한 시간이 아니었습니다. 오히려 언제나 모자라는 시간이었습니다.

첫째와 둘째도 그림을 잘 그렸는데, 그림 대회에 나갈 때마다 늘 시간이 모자라서 종료 시간에 임박해서야 겨우 그림을 제출하고는 조금만 더 시간이 있었으면 하고 아쉬워했습니다.

그날도 우리 아이들은 종료 시간에 맞춰 다 함께 그림을 제출했고, 모두 상을 받았습니다.

집에 와서 가만히 생각해 보니, 우리 아이들이 공부를 잘하게 된 것은 바로 어릴 때부터 그림 그리기를 좋아했기 때문이 아닌가 하는 생각도 들었습니다. 그림을 자꾸 그리다 보면 두뇌가 발달한다는 말도 있지만, 그것보다는 어릴 때부터 한 가지 일에 집중할 수 있는 능력이 자라나는 게 아닌가 생각합니다.

'공부는 엉덩이로 한다'는 말이 있습니다. 그만큼 아이나 어른이나 장시간 의자에 앉아 있기가 힘이 든다는 뜻일 것입니다. 아이들을 보면 대부분 좀이 쑤셔서 그런지 진득하게 오래 앉아 있지를 못합니다. 잠시 책상에 앉아 있기가 무섭게 이 핑계 저 핑계를 대면서 들락 날락 일어났다 앉았다. 결국 공부는 하는 둥 마는 둥 시간만 보내는 아이들을 많이 봅니다.

이것도 역시 연습을 통해 앉아 있는 시간을 늘려 나가야 극복할 수 있지 않나 생각됩니다. 어린아이들이 이를 훈련하는 방법으로 그림 그리기보다 더 좋은 것이 없는 듯합니다. 우리 아이들이 그랬던 것처럼 재미있게 그림을 그리다 보면 언제 두 시간이 가고 세 시간이 가는지 모르게 되니까요.

아이가 그림에 소질을 보이면 그것을 전공으로 할 수도 있지만, 우선은 재미있게 그리게 놓아두기만 하면 집중력과 끈기를 몸에 익히는 데 도움이 되지 않을까 생각합니다.

나중에 아이들에게서 들은 이야기이지만 어린 시절 그림 그리기가 의과대학에서 중요 과목인 해부학을 공부하는 데 도움이 되었다고 합니다. 특히 둘째는 영상의학을 공부하는 데 어릴 때 그림 그리기가 도움이 되었다고 합니다.

하여튼 우리 아이들 엉덩이를 땅에 붙이는 훈련으로 그림 그리기만 한 게 없는 것 같습니다.

아버지가 자상하면
자녀 성적 좋아진다?

옛날 우리 선조들은 아이들은 엄하게 키워야 된다고 생각한 것 같습니다. 그래서 우리의 교육 현장인 서당의 그림을 보면 선생님은 늘 근엄한 표정이었고, 아버지나 할아버지 역시 웃는 모습보다는 대개 엄한 모습으로 그려졌는지 모르겠습니다.

우리가 어릴 적에 파안대소, 박장대소하시는 어른들을 보기가 힘들었던 것도 다 아이들 앞에서는 웃는 모습이 교육적이 아니라고 여겼기 때문이 아닌가 생각합니다. 그런데 오늘 몇 년 전 노트를 뒤적이다가 아주 흥미있는 신문 기사를 보았습니다. 아마 당시에도 아주 유익한 내용이라고 생각되어 기사를 오려 노트에 붙여 놓았던 것 같습니다.

그 내용은 이렇습니다.

자녀 양육에 적극적인 아버지는 자녀의 학업성적에 긍정적인 영향을 미친다는 연구 결과가 나왔다. 옥스퍼드대 자녀양육연구센터가 40여 년에 걸쳐 연구한 데 따르면 자녀가 7세 때 아버지가 양육에 적극 참여한 경우 그 자녀의 훗날 학업성적에 좋은 영향을 끼친다는 것이다. 이는 1958년에 태어난 어린이 1만 7천 명의 성장 과정을 추적한 결과다.
연구 보고서는 "아버지와 자녀 간의 강한 유대 관계는 훗날 자녀에게 정신 질환이 발생할 확률을 줄인다"고 지적했다. 또 "아버지가 자녀양육에 적극 참여하면 자녀들이 성장 후 범죄자나 부랑자가 될 가능성도 적어진다"고 주장했다.
별거 중인 아버지도 자녀들과 함께 책을 읽는다든가 숙제를 도와주는 등의 일을 함으로써 긍정적 영향을 미칠 수 있다고 보고서는 전했다. 보고서는 "자녀들을 관리하는 일을 어머니와 나눠 하고 자녀 교육에 관심을 가지며, 자녀들과 같이 외출하는 것 등이 적극적인 양육 참여 행동"이라고 설명했다." (2002년 3월 2일 중앙일보)

옛날엔 엄한 아버지가 너무 많고 자상한 아버지는 찾아보기 힘들었기 때문에 쉽게 비교를 할 수가 없긴 하지만, 이 연구 결과는 오랜 습관에 길들여진 우리네 아버지들이 자신들을 다시 돌아보게 하는 유익한 내용이 아닌가 생각합니다.

2

아이들은 아는 이야기를 더 좋아한다

우리 아이 책맛 들이기

사람은 누구나
이야기를 좋아한다

　　　　　　　옛날 텔레비전이 없었던 시절, 동네 아이들은 저녁만 되면 이야기 잘하는 할머니나 할아버지를 찾아갔습니다. 우리 마을에도 이야기 잘하는 할머니가 있었습니다.

　예전에 텔레비전이 귀하던 시절 텔레비전이 있는 집에 아이들이 몰려들었던 것처럼, 이야기에 재미를 붙인 아이들은 저녁마다 그 할머니 집을 찾아갔습니다. 저녁도 먹기 전에 찾아가 기다리는 아이들도 있습니다. 초저녁부터 동네 꼬마들이 기다리고 있으면 이야기 할머니는 더 신이 납니다. 그러나 할머니는 옛날이야기를 그리 쉽게 해 주지 않습니다. 이때 할머니는 "오늘은 어제 이야기 주머니를 너무 꼭 졸라매 두었기 때문에 잘 풀리지 않는다"고 하시면서 치마 밑

주머니를 만지작만지작하시기도 합니다.

아이들은 정말 어제 저녁 할머니가 이야기 주머니를 너무 졸라매 두어 그런 줄 알고 자꾸 잘 풀어 보라고 재촉하면서 조바심을 냅니다. 하지만 이건 할머니의 기대심 유발 작전(?)입니다. 또한 이때는 할머니가 이야기를 지어내는 시간이기도 합니다. 이렇게 함으로써 아이들의 주의와 기대를 더 불러일으키십니다.

한참 후에 할머니는 "이제사(이제야) 주머니를 풀었다"고 하시면서 "옛날 옛날에"로 이야기를 시작하십니다. 하지만 이런 이야기는 대부분 전래 동화라기보다는 할머니가 직접 지어낸 이야기들입니다. 그게 어떤 것이든 아이들은 곧 이야기 속으로 쏙 빠져듭니다. 이렇게 시작한 이야기는 한 자루, 두 자루 이어지다가 밤이 이슥해서야 끝이 납니다. 이때 할머니는 또 다음을 약속하고 아이들을 돌려보냅니다.

독서의 시작이 이야기책이어야 하는 까닭

이처럼 아이들은 이야기를 좋아합니다. 아니 사람들은 누구나 할 것 없이 모두 이야기를 좋아합니다. 오늘날에도 일일 연속극이 황금 시간대에 방영되는 인기 프로인 것만 보아도 그것을 알 수 있습니다.

그러므로 재미나는 이야기책으로 아이들을 책 읽기로 이끄는 것은 참 자연스럽고 지혜로운 일이 아닐까요?

그런데 모든 사람들이 똑같은 유의 이야기를 좋아하지는 않습니다. 어떤 어머니는 KBS의 드라마를 좋아하고, 어떤 어머니는 MBC의 드라마를 좋아합니다. 어떤 사람은 사극을 좋아하고, 어떤 사람은 시트콤을 더 좋아합니다.

아이들을 여럿 키우다 보면 어떤 아이들은 로봇 이야기를 좋아하고, 어떤 아이들은 공룡 이야기를 더 좋아합니다. 대부분의 여자아이들은 공주 이야기를 좋아하기도 합니다. 로봇 이야기를 좋아하는 아이에게 공주 이야기책을 읽어 보라고 한다면 싫어할 것은 말할 필요도 없습니다.

내가 최근에 읽은 책으로 《로마인 이야기》가 있습니다. 일본 여류 작가가 쓴 책으로 전권이 평균 400페이지 이상으로 15권이나 되어서 꼬박 한 달에 걸쳐 다 읽을 수 있었습니다. 내가 이렇게 책을 읽어 본 적은 전에도 없었고 아마 후에도 없을 것 같습니다. 그만큼 내게는 흥미있는 책이었습니다.

만약 내가 젊었을 때 이 책이 발행되었고 그 책을 읽을 수 있었다면 나는 아마 이제까지와는 아주 다르게 세계사를 이해하지 않았을까 하는 생각이 듭니다. 이 책이 그만큼 대단한 책이란 말은 아닙니다. 내게 그만큼 흥미를 끄는 그 무엇인가가 있었다는 말입니다. 하지만 내 아내는 제1권을 시작하고 한 달도 더 지났지만 아직 반도 채 읽지 못했습니다. 이만큼 책은 그 내용에 따라 어떤 사람에겐 흥미로운 것일 수도 있고 다른 이에겐 아무 흥미도 주지 못할 수도 있습니다.

이 책을 읽기 전에는 두꺼운 책을 보면 늘 시작도 하기 전에 먼저 '어찌 이 두터운 책을 다 읽을까?' 하는 부담부터 가졌는데, 이제 더는 그런 부담은 갖지 않게 되었습니다.

어른도 이런 형편이니 우선 아이들의 마음을 잘 알고 나서 책 읽기를 권해야 하지 않겠습니까? 우리 부모들은 '아이들은 이야기를 좋아한다'는 믿음을 가지고 여러 방법으로 여러 종류의 '이야기책' 읽기를 도와줄 수 있을 것입니다. 아이들에게 어휘력을 증가시켜 주는 방법으로 재미나는 이야기책만 한 게 없기 때문입니다.

한심했던 나의 독서력

옛날 나의 읽기 능력은 정말 한심했다는 생각을 늘 하고 있습니다. 고등학교 2학년 때인 것으로 기억됩니다. 당시 친구들이 즐겨 읽고 있던 《닥터 지바고》라는 책을 읽었습니다. 하지만 나는 몇 장을 넘기지도 못하고 '아, 이 책은 내게 너무 어렵다'고 생각했습니다. 정신을 집중하지 않아서 그런가 싶어 다시 정신을 차리고 읽어 보았지만, 역시 몇 장을 넘기지 못하고 책을 덮고 말았습니다.

그 후 얼마가 지났을까. 프랑스 작가 카뮈의 《전락(轉落)》이란 책을 읽었는데, 이 책도 내게는 너무 어려웠습니다. 이 무렵 괴테의 《파우스트》라는 책도 읽어 보았지만 역시 나의 읽기 능력이 너무나 부족하다는 사실을 다시 한 번 확인시켜 줄 뿐이었습니다.

   그 후 몇 년이 지났을까, 성경 신구약 전권을 통독하고 난 후 다시 그 책들을 읽어 볼 기회가 있었습니다. 그런데 신기하게도 그제서야 절대로 이해할 수 없을 것 같던 책의 줄거리가 술술 머리에 들어오는 게 아닙니까? 독서 능력을 향상시키기 위해 그랬던 건 아니지만 여러 번 더 성경을 통독했습니다. 그 이유는 알 수 없지만 하여튼 성경 통독이 내겐 '읽기 능력'을 향상시키는 데 많은 도움을 주었습니다.

아이들은 아는 이야기를 더 재미있게 읽는다

　　　　오래전 충수염(맹장염)으로 10여 일 넘게 병원에 입원한 적이 있습니다. 수술 후 며칠간은 다인실에 있었습니다. 그런데 저녁에 너무 시끄러워 도무지 잠을 잘 수가 없었습니다. 1, 2인실보다 심심하지 않아서 좋다고 하시는 분들도 있긴 하지만, 밤중에 신음하는 환자에 들락날락하는 간호사에, 시끄러워서 도저히 잠을 이룰 수가 없었습니다. 그래서 할 수 없이 2인실로 옮겼습니다.

　그런데 여우를 피하니 호랑이를 만난다는 속담처럼 내게는 더 어려운 일이 생겼습니다. 나와 한 병실을 쓰게 된 사람이 어린 화상 환자였기 때문입니다. 화상은 특히 치료할 때 무척 고통스럽다고 합니다. 게다가 환자가 철없는 아이이다 보니 밤낮으로 울어 대는데 정말 건디기 어려웠습니다.

아이들은 '아는 이야기'를 더 좋아한다

그런데 그 아이도 잠시 울음을 그칠 때가 있었는데, 바로 텔레비전 광고 시간입니다. 당시 꼬모라는 요구르트 광고로 기억이 됩니다. 매번 같은 내용인데도 아이는 예쁜 꼬마 그림이 나오는 요구르트 광고만 나오면 모든 걸 잊어버리고 잠시나마 좋아했습니다. 그 아이뿐 아니라 우리 모두 그 광고가 나오기만을 기다렸습니다. 아이가 잠시라도 아픔을 잊어버렸으면 하는 마음에서입니다.

그때 왜 아이들은 이렇게 매번 같은 내용, 아는 이야기를 더 좋아할까 하는 의문이 들었습니다. 아마 아이들은 처음 듣는 생소한 이야기는 이해가 잘 되지 않아서가 아닐까요?

내가 이때 깨닫게 된 것은, 이처럼 아이들은 매번 다음을 예측할 수 없는 연속극보다 이미 익히 아는 이야기를 다시 보는 걸 더 좋아한다는 사실입니다. 우리 손주들은 아마 뽀로로 만화영화를 수십 번 보았을 것입니다. 그래도 또 뽀로로 보여 달라고 야단입니다. 이처럼 아이들은 익히 아는 이야기를 더 좋아합니다. 나의 이런 경험은 나중에 우리 손주들의 독서 습관을 붙이는 데 활용할 수 있었습니다.

나는 아이들로 하여금 어떤 어려운 책을 읽히기에 앞서 입담 있는 사람으로 하여금 그 내용을 미리 이야기해 줄 필요가 있다고 생각했습니다. 《가슴높이로 공을 던져라 1》에서도 말했듯이, 아이가 읽을 책의 내용을 부모가 먼저 이야기해 줄 수도 있을 것입니다. 어떤 곳에 여행을 할 때 그곳 사정을 미리 알아 두는 것과 같은 효과가 있지 않나 생각합니다.

아이들이 미리 이야기를 다 알고 있으면 흥미가 떨어져 잘 읽지 않을 것이라고 염려하실 분이 혹시 있을지 모릅니다. 하지만 이런 염려는 전혀 하실 필요가 없습니다. 정확히 그 연령이 언제인지 알 수는 없지만 적어도 초등학교 저학년까지 아이들은 아는 이야기를 더 재미있게 읽습니다. 그러나 다 큰 고등학생들에게 미리 소설 내용을 이야기해 주고 읽어 보라고 한다면 소설의 흥미를 떨어뜨릴 수 있을 것입니다. 특히 탐정소설은 더 그럴 것입니다.

하지만 어린아이에게 좀 어려운 책을 읽게 하고 싶을 때는 그 내용을 부모가 꼭 재미있게 미리 이야기해 줄 필요가 있습니다. 이때 누구보다도 엄마 아빠가 이야기해 주는 것이 가장 효과적입니다. 아이들은 아빠 엄마의 이야기는 그 누구의 말보다 쉽게, 그리고 실감 나게 듣기 때문입니다. 정 어렵다면 이야기를 재미나게 하시는 선생님들의 도움을 받을 수도 있을 것입니다.

어떤 경우든 아이들에게 사전 준비 없이 어려운 책을 읽히는 것은 독서력을 향상시키기보다 오히려 책에 정떨어지게 할 수 있다는 사실을 명심 또 명심할 필요가 있습니다.

그런데 어떤 책은 아이들에게 상당히 어려운 낱말이 많이 나옵니다. 그러나 한 페이지에 어려운 단어가 여러 개 나올지라도 아이들은 이미 그 책의 내용을 상당 부분 알고 있다면 전혀 문제가 되지 않습니다.

이렇게 자꾸 책을 읽다 보면 저절로 몰랐던 단어의 뜻을 알게 되고, '독서백편 의자현(讀書百遍義自見)', 즉 책을 백 번 읽으면 그 뜻은 저절로 이해하게 되기 때문입니다.

그러나 이야기를 미리 알지 못하고 읽는다면 어려운 단어 때문에 이해가 되지 않아 흥미를 잃게 되어 곧 책을 덮고 말 것입니다.

하지만 우리 아이들의 경우에는 이미 그 내용을 알고 있었기 때문에 "엄마 아빠가 들려준 이야기가 여기 있네" 하며 더 재미있게 읽었습니다.

얘들아, 서점 가자!

우리는 맹모삼천이란 말을 자주 들어 왔습니다. 이 말은 아이들에게는 환경이 얼마나 중요한지 일깨워 주는 말이 아닌가 생각합니다.

그래서 나는 서점 방문을 강력 추천하고 싶습니다. 서점은 책들로 가득한 곳으로, 책을 사러 오는 사람들과 책을 읽는 사람들 때문에 책 욕심을 낼 수 있는 곳이기 때문입니다. 나는 다른 욕심은 몰라도 책 욕심은 좀 내도 괜찮다고 믿는 사람입니다. 아이들로 하여금 서점을 가까이하도록 도와주는 것은 절대로 손해 보는 일이 아니라고 생각합니다.

아이들이 아주 어릴 적에 함께 서점에 자주 가야 합니다. 아이들이 어릴 적에는 부모가 예쁜 그림책으로부터 시작해 만화책 등 여러 재미나는 책들을 골라 줄 수 있을 것입니다. 그러다 서점 나들이가 익숙해지면 아이들은 스스로 책을 골라 읽으려고 할 것입니다.

물론 아이들이 직접 책을 고르는 게 처음엔 부모의 성에 차지 않을 수 있습니다. 하지만 아이들은 자신이 고른 책을 더 잘 읽는다는 사실을 알면 이것도 참아 내야 합니다. 아무리 좋은 책이라도 아이들이 읽지 않으면 아무 소용이 없기 때문입니다.

먼저는 서점을 가까이하는 것, 다음으로 습관이 되게 하는 것이 중요합니다. 굳이 맹모삼천지교라는 고사를 들지 않더라도 사람은 누구나 어릴 때 습관에 따라 살게 되어 있기 때문입니다.

아기 때부터 책과 친숙하게 해 주자

요즈음은 몇 번의 클릭으로 책을 쉽게 구할 수도 있지만 인터넷으로 책 읽는 분위기까지 사지는 못할 것입니다. 책 읽는 분위기며 욕구까지 불러일으키는 곳으로 서점만 한 곳은 없습니다. 물론 도서관에 가는 것도 습관이 되면 아주 좋은 일입니다. 하지만 어린이 전용 도서관이 아니라면 아이들이 직접 책을 만지고 넘겨 보며 고르는 데는 현실적으로 어려움이 있습니다. 그런 점을 생각해 볼 때 서점은 공공 도서관보다 더 쉽게 책을 만지고 느끼고 넘겨 보며 그 자리에서 책을 바로 살 수 있다는 점에서 더 자유롭지 않나 생각됩니다.

그런데 이런 좋은 습관도 어릴 적부터 붙이지 않으면 안 됩니다. 대학가에 서점이 별로 없다는 것은 어제 오늘의 일이 아닙니다. 이게 인터넷 서점 때문에 생긴 일만은 아닐 것입니다. 어릴 적부터 서점 가는 습관이 붙어 있지 않았기 때문이 아닌가 생각합니다.

그러므로 출판사에서 먼저 유아들을 위해 '가지고 노는' 장난감 책도 제작해야 한다고 생각합니다. 아직 책을 읽을 수 없는 아이들은 이런 장난감 책을 통해 책 읽는 흉내를 내며 자연스럽게 책과 친숙해질 수 있을 것입니다. 그런 면에서 요즈음 아기들을 위한 책들이 많이 출판되고 있는 것은 참 좋은 현상이 아닐 수 없습니다. 아주 어린 아기일지라도 걸음마만 할 수 있다면 서점에 가서 예쁜 장난감 책을 골라 보게 하는 것도 좋은 습관을 들이게 하는 데 도움이 될 것입니다. 이 아이들에게 예쁜 그림책은 호기심과 상상력을 자극하는 데 많은 도움이 될 것이기 때문입니다.

어느 세계적인 바이올린 연주자는 자기가 세계적인 연주자가 된 것은 어릴 적 아버지가 사다 준 장난감 바이올린 덕분이라고 했습니다. 그걸 가지고 놀다 보니 바이올린 잡는 법을 몸으로 익혔고, 그 덕분에 쉽게 바이올린을 배울 수 있게 되었다고 합니다.

많은 서점들이 미래의 고객인 아이들을 위해 이런 공간도 마련해 주어야 하지 않을까 생각합니다. 어린이들에게 이런 장난감 책을 사 주기만 하면 집에 와서 계속 책 읽는 놀이를 하면서 놀 것입니다. 누나나 언니들이 책을 잘 읽는 집이면 더 그렇게 하게 될 것입니다. 독서를 즐기는 부모라면 역시 따라 할 것입니다. 어린아이들은 책을 손에 쥐는 것도 그렇게 쉬운 일은 아니기 때문에 어릴 때부터 이렇게 장난감 책으로 놀게 하는 것이 나중에 책을 잘 읽게 하는 기초 훈련이라는 사실, 초보 엄마들이 특히 알아 두어야 할 것 같습니다.

요즈음 서점 안에 북 카페를 둔 곳도 많이 보았습니다. 어린아이들일수록 부모들이 이런 곳을 잘 활용하면 즐겁게 서점 나들이를 할 수 있을 것입니다. 책을 읽게 하는 건 부모의 강권으로만 되는 것이 아니기 때문입니다. 무엇보다도 책을 읽겠다는 욕구가 저절로 생기도록 유도해야 합니다.

'서점을 가까이한다는 것은 만 명의 스승을 가까이 모시는 것과 같다.'

아이들이 서점을 가까이해야 할 이유입니다.

우리 손주
책맛 들이기

　　　　　초등학교 3학년인 우리 큰 손주는 책을 아주 잘 읽습니다. 그래서인지 내가 무슨 낱말을 물으면 어지간한 것은 다 그 뜻을 정확히 알아맞춥니다. 그러나 어린아이들에게 너무 일찍 책 읽기를 권하는 것은 자칫 책을 멀리하게 하는 압박이 될 수도 있습니다.

　그런데 어린아이들일지라도 자기가 좋아하는 것에는 의외의 집중력을 보입니다. 우리 둘째 손주는 공룡을 아주 좋아합니다. 공룡 이름은 모르는 게 없습니다. 한 살 더 많은 제 누나도 공룡에 관한 한 혀를 내두를 정도입니다. 그래서인지 요즈음 공룡과 관계있는 책은 무엇이나 잘 읽습니다. 그런데 안타깝게도 어린이를 위한 공룡 책이 우리나라엔 그렇게 많지 않습니다.

궁리 끝에 요즈음 남자아이들이 아주 좋아하는 10권짜리 《만화 삼국지》를 사다 주었습니다. 할아버지의 특별한 선물이라고 하면서 말입니다. 이 책을 사다 준 까닭은 《가슴높이로 공을 던져라 1》에서 자세히 이야기한 것처럼 아이들 삼촌이 어릴 적에 《삼국지》를 무척 좋아했다는 생각이 나서입니다. 삼촌은 그 책을 여러 번 독파하고 난 후 읽기 능력이 몰라보게 향상되었습니다.

내가 먼저 《만화 삼국지》를 사다 준 이유는 또 있습니다. 글로만 된 《삼국지》는 그 양이 엄청나고 등장인물이 너무 많아 어린아이가 그 줄거리를 파악하기가 쉽지 않을 것이라 생각되었기 때문입니다.

그런데 우리 막내는 다행히도 어릴 적부터 그 어렵다는 박종화 선생님이 쓰신 《삼국지》를 쉽게 읽을 수 있었습니다. 아주 어릴 적부터 제 엄마가 '삼국지' 이야기를 많이 들려준 때문이 아닌가 생각합니다. 그렇지만 우리 손주의 경우는 제 엄마 아빠의 일상이 너무 바빠 그렇게 해 주지 못했습니다. 그래서 만화가 그 일을 대신해 줄 수 있을 것이라 생각했습니다. 나의 예측은 그대로 적중했습니다.

어느 날 이웃에 사는 제 막내이모가 언니 집에 갔습니다. 우리 둘째 손주는 이모한테 자기가 《삼국지》의 등장인물들을 얼마나 잘 아는지 자랑을 하고 싶었습니다(이 할애비가 갔을 때에도 그랬습니다). 만화로 된 삼국지 책에 나오는 인물들의 이름하며 어디서 어떻게 싸웠으며 어디서 전사했는지를 우리 둘째 손주는 모두 훤하게 꿰고 있었습니다.

　그 어린것이 그 많은 등장인물들의 내력과 활동상을 안다는 것은 내겐 큰 사건 중의 사건이었습니다. 그래서 서울에 올라와 당장 글로만 된 《삼국지》 10권 전질을 사 보냈습니다. 그리고 며칠 후 다시 대전에 내려갔습니다. 사실 초등학고 2학년짜리 아이에게 만화가 아닌 완역 《삼국지》 10권을 읽어 보라고 주는 것은 무리입니다. 그러나 나의 급한 성질이 어디 가겠습니까? 그래도 내심 걱정이 되는지라 '이 선물은 당장 읽어 보라고 주는 것은 아니다'라는 단서를 붙였습니다.

　그렇다고 해서 할아버지가 준 선물에 대한 반응을 물어보지 않을 수 없습니다. 그래서 은근히 물어보았습니다.

　"할아버지가 보낸 《삼국지》 잘 받았어?" 하고 우선 잘 받았는지부터 물어보았습니다. 그런데 이놈은 기다렸다는 듯이 제1권을 가져오면서 이 책도 읽을 수 있다는 것을 자랑했습니다.

　그래서 나는 "그 책은 우리 은수가 당장 읽으라고 할아버지가 사준 게 아니야. 은수가 4, 5학년 때 읽어 보라고 사준 것인데……. 미리 사다 준 것은 앞으로 이런 책도 있으니 우선 《만화 삼국지》를 잘 읽어 보라고 준 거야. 그러니 너무 일찍 읽어 보겠다고 욕심은 내지 말아라. 지금은 아주 읽기가 어려울 터이니 말이다"라고 마음에 없는 소릴 했습니다.

그런데 우리 손주는 제법 어른스럽게 "읽을 만했어요" 하는 게 아닙니까. 이 소리가 얼마나 반갑던지, 번쩍 안아 주고 싶었습니다. 솔직히 이 정도까지는 기대를 하지 않았는데 말입니다. 초등학교 2학년짜리가, 제 누나가 읽는 《어린이 세계동화선집》도 읽지를 못하던 아이가……. 정말 신기한 일이 아닐 수 없었습니다. 아이는 제1권을 얼마나 읽었는지 자기가 접어 둔 페이지까지 펼쳐 보이면서 아주 재미있더라는 말까지 덧붙였습니다.

이제 이 녀석 공부는 더 이상 걱정할 게 없을 것 같았습니다. 이렇게 독서를 즐기면 어휘력은 저절로 자랄 것이고, 어휘력이 자라 쌓이면 학교 교과서는 물론 참고서를 읽고 이해하는 데 어려움이 없을 것이고, 나중 대학에 가서는 전문 서적을 접할 때 부담이 없을 것이고, 이렇게 머리 아프지 않게 술술 책을 읽다 보면 공부는 저절로 될 터이고, 이제 뭐 걱정할 게 있겠는가 하는 생각이 들었습니다.

문제는 모두 여기까지, 즉 '책맛'을 들이는 데까지라고 생각합니다. 나는 사실 제 애비 애미가 무엇이라 말하든 이제 한시름 놓았습니다. 여기까지, 곧 책맛을 들이는 데까지가 무엇보다 중요하기 때문입니다.

내가 나중에 다시 둘째 집에 갔을 때 우리 손주는 《삼국지》 4권을 읽고 있었습니다. 그래도 혹시나 하고 이것저것 줄거리를 물어보니 마치 삼국지 영화를 본 것처럼 신나게 이야기해 주었습니다. 손주의 이야기를 듣고 있자니 마치 제 삼촌의 어릴 때를 보는 것 같았습니다.

부모가 먼저 책 읽는 모습을

우리 아이들 다섯을 키우며 확신하게 된 것은 '책 읽기를 싫어하는 아이는 절대로 공부를 잘할 수 없다'는 사실입니다. 아마 우리 손주도 이제 진짜 책맛을 보았으니 공부 걱정은 하지 않아도 될 것 같습니다. 이렇게 시작한 《삼국지》 전권을 여러 번 읽고 나면 틀림없이 아이는 크게 달라져 있을 것입니다.

우리 부모들은 아이들이 지속적으로 책을 잘 읽도록 항상 사려 깊게 도와주어야 할 것입니다. 집에 들어서면 먼저 거실 소파에 앉아 텔레비전부터 켜는 습관을 줄이면 그렇게 할 수 있을 것입니다. 대신 어제 읽다 남긴 책부터 먼저 들고 읽는 부모, 그렇게 본을 보일 때 아이들도 자연히 책 읽는 습관을 붙이지 않겠습니까?

우리 고유의 음식인 된장과 김치도 아이들이 하루 이틀 만에 맛을 들일 수 있는 게 아닙니다. 자주 먹어서 습관이 되면 나중에 그 진미를 알게 되는 것입니다. 책에 맛을 들이는 것도 이와 같은 이치가 아니겠는지요? 책 읽는 엄마 아빠의 모습을 보고 따라 하다 보면 그게 습관이 되고 책 읽는 맛도 저절로 알게 될 것입니다.

매일 저녁 연속극을 아무리 봐도 유식하게 되지는 않습니다. 그 이유를 나는 잘 알지 못합니다만 연속극 100편을 보아도 고전 한 권 정독하는 것보다 못하다고 합니다. 그러므로 아이에게 독서 습관을 붙여 주기 위해서는 부모가 TV 시청을 줄이고 독서하는 모습을 보여야 할 것입니다. 정 그것을 자제하기 어렵다면 녹화를 해 두었다가 아이들이 없는 낮에 보는 것도 한 가지 방법이 될 것입니다.

우리 아이들에게 가장 기본은 맨 먼저 독서 습관을 붙이는 것, 이보다 더 중요한 게 있을까요?

우리는 왜 울면서
고추를 먹었나

　　　　　　아이들에게 독서 습관을 붙여 주는 가장 쉽고 확실한 방법은 부모가 본을 보이는 것이라고 생각합니다. 이보다 더 확실한 방법은 없을 것입니다.

　우리가 어떻게 고추와 마늘을 즐겨 먹게 되었는지를 잠깐 생각해 봅시다. 고추와 마늘은 우리의 건강을 위해 필수적인 식품은 아닙니다. 우리와 비슷한 위도에 위치해 있는 일본은 고추와 마늘을 우리만큼 많이 먹지 않습니다. 그러나 우리보다 건강하게 장수하는 것을 보면 그것이 우리에게 꼭 필요한 건강식은 아닌 듯합니다. 우리가 어릴 적 처음 고추를 고추장에 찍어 먹었을 때를 떠올려 봅시다. 처음 먹어 본 고추는 너무나 매웠고, 고추장 역시 아이들에게는 먹기

힘든 반찬입니다. 그러나 우리는 여러 번 그것을 시도했습니다. 너무 매워 눈물을 흘리기도 했습니다. 그러면 어머니가 얼른 물을 주시면서 이런 말씀을 하셨습니다.

"누가 너보고 그걸 먹으라고 하더냐? 왜 어린것이 고추는 먹는다고 이 야단이냐? 누가 시키기라도 하더냐?"

그렇습니다. 어린아이에게 그 매운 고추를 먹으라고 시킨 사람은 아무도 없습니다. 오히려 어른들은 먹지 말라고 말렸습니다. 그런데도 아이들은 왜 그렇게 그것을 먹어 보려고 애를 썼을까요? 내 생각에 그것은 오직 한 가지 이유 때문입니다.

어릴 적 나는 우리 할아버지가 매운 고추를 고추장에 찍어서 잡수시는 것이 굉장히 멋있어 보였습니다. 그 매운 고추를 잡수시고도 "그놈 참 맛있다" 하시면서 눈도 깜짝하지 않던 모습이 참 멋져 보였습니다. 그래서 나도 저렇게 늠름하게 먹어 보리라 생각했습니다.

이렇게 해서 우리의 전통 식품이 이어져 온 것이 아닐까요? 우리는 순전히 부모를 따라 했을 뿐입니다. 그 어려운 고비(?)를 이겨 내면서 말입니다.

마찬가지로 부모가 아이들에게 독서하는 모습을 계속 보여 준다면 우리의 아이들은 그 모습이 훌륭해 보이지 않을까요? 책에서 읽은 이런저런 이야기들을 아이들에게 해 주면 아이들은 재미있어 하지 않을까요? 부부가 아이들 앞에서 책의 내용에 대한 이야기를 주고받아 보세요. 아이들은 그 내용을 알지 못하므로 '왕따'당하는 기분이 들 것이고, '왕따'를 면하기 위해 책을 읽어야겠다고 생각하지 않을까요?

글자를 모를 때에는 단지 부모들이 책 읽는 모습을 흉내 내는 데 그칠 것입니다. 때로는 책을 거꾸로 들고 읽는 척하기도 할 것입니다. 그러나 글자를 알게 되면서부터는 자연스럽게 부모를 흉내 내면서 책을 접하게 될 것입니다.

책 읽는 일은 고추나 마늘을 먹는 것보다 훨씬 쉽습니다. 고추나 마늘은 먹고 나서 물을 먹어야 할 만큼 맵고 독하지만, 책은 그런 어려움을 겪지 않고도 얼마든지 즐길 수 있기 때문입니다.

아이들은 고추나 마늘처럼 독한 음식도 부모를 흉내 내며 배웁니다. 그런 아이들에게 부모가 책 읽는 모습을 자주 보여 준다면 저절로 독서하는 습관이 붙게 되지 않을까요? 그래서 우리 조상들은 '선비 집에 선비 난다'고 했던 것이 아닐까요?

사실 아이들이 책에 재미를 붙이면 엄마 아빠가 눈이 나빠진다고 말려도 자꾸 읽게 됩니다. 심지어 밥 먹는 것조차 잊어버릴 때도 있다는 것을 우리는 경험으로 알고 있습니다. 아이들의 독서 습관은 이렇게 붙여지는 것입니다.

좋은 습관의 효과

고추는 우리나라에 들어온 지 300년 정도밖에 되지 않았다고 하지만 우리의 음식 문화에 엄청난 영향을 끼치고 있습니다. 생으로 먹기도 하지만 잘 익은 고추는 갈아서 김치에 넣어 먹기도 하고 고추장을 만들어 먹기도 합니다. 그뿐인가요? 찌개와 온갖 국에 넣어 먹기도 하고 풋고추를 장에 박아 두었다가 겨우내 꺼내 먹기도 합니다. 고추 없이는 우리의 식생활이 불가능할 지경입니다. 한번 붙은 습관은 이처럼 음식 문화 전역에 미치는 영향이 단순하지 않습니다. 단순히 부모를 따라 하느라 생긴 습관일 뿐인데도 말입니다.

그렇다면 좋은 습관은 우리의 생활에 어떤 영향을 미칠까요? 책을 읽는 사람과 책을 읽지 않는 사람을 비교하면 엄청난 차이가 납니다. 책을 즐겨 읽는 사람은 평생을 농사만 짓는 농부라 할지라도 자신의 농작물에 문제가 생기면 습관적으로 문제를 해결하기 위해 책을 찾아볼 것입니다. 어디 이뿐이겠습니까? 농한기에는 그 흔한 화투 놀이로 허송세월하기보다 평소에 시간이 없어서 읽지 못했던 책을 구해 읽으면서 농한기를 좀 더 보람되게 보내려고 할 것입니다. 음식 습관이 우리의 식생활 전반을 맛스럽게 하듯이 독서하는 습관 역시 우리의 생활 전반을 풍요롭고 맛스럽게 할 것입니다.

자녀에게 독서하는 습관을 붙여 주지 않고 성공시키려고 하는 것은 자식에게 달리기를 시키지 않고 운동선수로 키우려고 하는 어리

석은 사람과 같지 않을까 싶습니다.

같은 책 다시 읽기

마지막으로, 한 번 읽은 책이라 할지라도 내용이 좋은 책은 내팽개치지 말고 조만간 한 번 더 읽어 보라고 자녀들에게 권했으면 합니다. 이것은 나의 오랜 경험에서 나온 이야기입니다. 나는 책을 한 번 읽고 온전히 이해한 적이 거의 없습니다. 한 번 더 읽지 않았다면 그 책을 조금도 이해하지 못하고 엉뚱한 소리만 하고 다닐 뻔했다는 아찔한 느낌이 들 때도 있었습니다. 생텍쥐페리의 《어린 왕자》라는 책은 처음과 두 번째 읽었을 때의 느낌이 너무나 달라서, 이제는 어떤 책이든 한 번 읽고는 그 책에 대해 얘기하기가 두렵습니다.

학년이 올라갈수록 책을 많이 읽지 못하고 문제 풀이에만 매달릴 수밖에 없는 현실은 너무나 안타깝습니다. 하루 빨리 우리의 교육 현장에서도 입시 위주에서 벗어나 정말 인간을 위한 교육, 고품질의 인생을 살아갈 수 있도록 하는, 문자 그대로 전인교육이 이루어졌으면 좋겠습니다. 경쟁 없이 살아갈 수는 없겠지만, 적어도 아이들이 자랄 때만은 몸과 마음을 망칠 정도로 과중하게 경쟁을 시키지 않았으면 합니다. 그것은 공부에 정을 붙이게 하기보다는 일찌감치 정 떨어지게 하는 가장 확실한 방법이 될 테니까요.

"책 속에 아버지가 있었다"

몇 해 전 대구에 강연하러 갔을 때 있었던 일입니다. 그날 강연의 주제는 독서의 중요성에 관한 내용이었는데, 마지막에 "생동감 있는 책 읽기를 위해서는 직접 체험한 경험들이 많은 도움이 될 것"이라는 말로 끝을 맺었습니다.

그런데 강연을 마치고 점심 식사 중에 한 젊은이가 "오늘 선생님의 강연 너무나 감명 깊게 들었습니다" 하며 인사를 했습니다. 그리고 자기가 바로 오늘 강연 주제와 같은 체험을 간직하고 있는 주인공이라고 말했습니다.

그가 제일 감명 깊게 읽은 책은 헤밍웨이의 《노인과 바다》였다고 합니다. 그것은 순전히 아버지와 함께 작은 배를 타고 고기 잡던 체험 때문이라고 하면서 젊은이는 이야기를 시작했습니다.

그는 어릴 적 동해의 작은 어촌에 살았습니다. 아버지는 작은 전마선('꼬마선'이라고도 함)을 타고 고기를 잡는 어부였습니다. 그는 초등학교 때 방학이면 아버지와 자주 그 배를 타고 바다에 고기를 잡으러 나갔습니다. 물론 바다가 고요하고 맑은 날에 나갔습니다.

어느 날이었습니다. 아침부터 날도 맑고 바람도 없어서 어린 아들과 같이 고기 잡기에는 더할 나위 없이 좋은 날이었습니다. 부자는 한껏 즐거운 마음으로 바다로 나갔습니다. 그런데 조금 멀리 나가 한창 고기를 잡고 있는데, 그렇게도 고요하던 바다에 갑자기 성난 파도가 일었습니다. 너무나 갑작스러운 일이었습니다.

그는 갑자기 이는 파도에 겁이 났습니다. 생전 처음 당하는 일이라 무섭고 떨렸습니다. 보통의 경우 바람이 조금 세게 불려는 조짐이 보이면 얼른 돛을 올려 집으로 돌아오지만 그날처럼 바람이 이리저리 세게 불면 돛을 올리지 못합니다. 그런 세찬 바람에 돛을 올렸다간 작은 꼬마선은 자칫 바로 뒤집혀 버리기 때문입니다. 이때는 어찌 되었든 노 하나로 버텨야 합니다.

아버지는 연신 아들에게 "괜찮아, 괜찮아. 이건 아무것도 아니야. 아빠는 이보다 더 무서운 파도도 다 이길 수 있어" 하며 아들을 안심시켰습니다. 겁을 잔뜩 먹고 있는 아들에게 어떻게 하든지 배의 이물을 꼭 잡고만 있으라고 당부를 했습니다. 그리고 자신은 배의 전복을 막으려고 안간힘을 썼습니다.

　파도가 배의 옆구리를 치면 배는 영락없이 전복되고 맙니다. 아버지는 있는 힘을 다해 배를 파도와 맞세우면서 앞으로 헤쳐 나갔습니다. 악전고투 끝에 드디어 배는 포구에 도착할 수 있었습니다. 아버지와 아들은 재빠르게 배에서 내려 마을 사람들과 함께 배를 육지로 끌어 올렸습니다. 이렇게 작은 배는 파도가 심할 때 그냥 바다에 두었다간 갯바위에 부딪혀 산산조각나는 수가 있기 때문입니다.

　이제 겨우 한숨을 돌리고 있으려니 어떤 이들은 죽을 고비를 넘긴 어린것을 쓰다듬으며 "장하다, 장하다"를 연발했고 또 어떤 이들은 "이런 날에 뭣하러 어린것까지 데리고 나갔느냐?"며 아버지를 질책했습니다. 하지만 그때의 안도감이란……. 이날은 그에게 일평생 잊을 수 없는 날이 되었습니다.

　세월이 흘렀습니다. 그는 시골에서 초등학교를 졸업한 후 외지에서 중고등학교와 대학을 나오고 어른이 되었습니다.

　그 후 얼마나 더 지났을까. 청년은 어느 날 우연히 헤밍웨이의《노인과 바다》라는 책을 읽게 되었다고 합니다. 그런데 그 책은 그에게 그냥 책이 아니었습니다. 큰 고기, 한없이 넓은 바다, 그리고 힘겹게 파도와 싸우는 노인……. 그 책의 주인공 노인은 어릴 적 자신의 아버지로 변해 있었고, 어느새 그때 아버지의 모습이 하나하나 다시 생생하게 떠올랐습니다. 고기를 잡던 아버지, 특히 성난 파도를 헤

치며 무사히 아들을 데리고 육지에 도착했을 때 안도하던 아버지의 모습…… 어느 것 하나 감동적이지 않은 게 없었습니다.

이야기를 하다 보니 어느새 그 청년의 목은 메어 있었습니다. 그 후 청년은 '그래, 그래야지. 이렇게 꿋꿋이 살아야지. 우리 아버지처럼' 하고 마음먹게 되었다고 합니다.

그때부터 헤밍웨이의 《노인과 바다》라는 책은 그의 삶의 지침서가 되었고, 그 후 그는 고비 고비 어려움이 있을 때마다 그 주인공과 아버지를 떠올리며 참고 견디고 다시 분발하며 살고 있다고 했습니다.

이 이야기를 다 듣고 난 우리는 아무 말 없이 한참을 밥만 계속 삼켰습니다.

'직접 체험이 없으면 간접 체험도 없다'는 그날의 주제는 더 오래도록 그의 가슴에 남게 되지 않았을까 생각되었습니다.

3

수학은 부모가, 영어는 듣기부터

부모와 함께 하는 영어·수학 공부

수학의 시작은
꼭 엄마 아빠가

내가 수학을 싫어하게 된 계기는 초등학교 시절 구구단 외울 때의 기억 때문이 아닌가 생각됩니다. 그전까지는 수학에 대해 별 생각이 없었던 것 같습니다. 하지만 구구단 외우기 시간은 아주 달랐습니다. 내게는 공포 그 자체였습니다.

그때 우리는 온 교실이 떠나가도록 고래고래 고함을 치며 구구단을 외웠습니다. 그런 다음 선생님이 무작위로 아이들을 지명해 하나씩 세워 놓고 방금 외운 구구단을 암송하게 했습니다. 못 외운 아이는 싸리나무로 만든 회초리로 종아리에 줄이 나도록 맞았습니다. 요즈음 학교에서는 상상도 할 수 없는 일이지만, 그때는 그게 일상이었습니다. 나는 그것에 아주 질려 버렸습니다.

그때 나는 겁이 많고 울기를 잘하는 아이였습니다. 아마 당시 선생님들에게는, 아이들에게 구구단만은 반드시 외우게 해야 한다는 어떤 강박관념 같은 게 있지 않으셨나 싶습니다.

물론 구구단만큼 우리 생활에 요긴한 것도 많지는 않겠지만 꼭 그렇게 매를 들고 익히게 해야만 했을까 하는 생각은 지금도 의문으로 남습니다. 이것은 내 일생에 깊은 상처로 남아 모든 공부로까지 이어지는 공포심이 되었으니까요.

나는 지금도 구구단을 '유행가 가사'처럼 재미나게 외우게 할 수는 없었을까 하고 생각할 때가 있습니다. 요즈음 아이들이 즐겨 따라 부르는 랩처럼 말입니다 춤 잘 추는 한 아이로 하여금 재미나게 춤을 추게 하고 다른 아이들은 따라 박수를 치면서 외우게 한다면 수학 시간이 좀 더 재미있고 즐겁지 않을까요?

이미 여러 번 강조했지만 수학은 그 어떤 과목보다 기초가 중요합니다. 수학은 마치 계단을 오르는 것과 같은 학문이라서 한 계단 한 계단 올라가지 않으면 결코 정상에 이를 수 없습니다. 유별나게 다리가 길고 운동력이 뛰어난 사람은 한 번에 두 계단 세 계단을 뛰어 올라갈 수 있을지도 모릅니다. 하지만 보통 사람은 대부분 그게 불가능합니다.

그런데 이렇게 중요한 수학의 기초는 언제부터일까요? 초등학교 저학년 수학이란 건 너무 쉬우니 기초랄 것도 없다고 생각되시는지요? 결코 그렇게 생각해서는 안 됩니다. 초등학교 1, 2, 3학년 수학이 기초 중의 기초로, 가장 중요하기 때문입니다. 이때 수학에 재미를 붙이지 못하거나 기초를 놓치면 나중에 그 아이가 수학을 잘하리라 기대하기란 어렵습니다.

몇 년 전 국제수학올림피아드에서 최우수상을 탄 중국의 한 아이에게 "어떻게 그렇게 수학을 잘할 수 있었느냐?"고 기자들이 묻자 자기는 양쯔 강가에 살았는데, 강에 드나드는 배를 보면서 더하기(+) 빼기(−)를 재미나게 익혔다고 했습니다. 그만큼 어릴 때의 기초가 중요하다는 것을 시사하는 말이 아닌가 생각합니다.

그래서 어떤 부모들은 이때를 놓치지 않으려고 과외 선생님을 붙이기도 합니다. 그런데 정말 주의해 살펴볼 게 있습니다. 이때 자칫 너무나 쉽게 아이들로 하여금 수학에 정떨어지게 할 수 있기 때문입니다.

우리 어린것들에게 낯선 사람이 엄하게 수학을 가르친다고 한번 상상해 보십시오. 아이들은 어디까지나 아이들입니다. 수학은 대부분 흥미보다는 학교나 집에서 부모들이 강압적으로 시키기 때문에 억지로 시작합니다.

다른 과목들은 어느 정도 재미나게 시작할 수 있습니다. 그러나 가장 중요한 수학이라는 학문은 재미나게 시작하기가 상당히 어렵습니다. 거기에 과외 선생님이란 낯선 사람이 가르친다고 하면 더 두

렵고, 아이들 마음속에 수학에 대한 경계심부터 먼저 생기지 않겠습니까?

재미로 하기 어려운 수학, 해결책은?

이렇게 재미없는 학문을 하는데, 그것도 처음부터 생면부지인 남이 가르친다면 얼마나 우리 어린 인생들에게 부담이 되겠습니까? 아무리 논리적으로 잘 가르치는 선생님일지라도, 어린아이들에겐 그저 낯선 사람이며 두려움의 대상일 뿐입니다.

이처럼 과외 선생님은 우리 아이들에겐 무엇을 배워야 할 선생님이 아니라 두려움의 대상이요 경계의 대상이 될 수 있다는 것입니다. 이런 낯선 사람에게서 수학을 배운다는 것은, 모르긴 해도 어린아이들에겐 너무나 힘겨운 일이 아닌가 생각합니다. 우리 아이들이 가사 도우미와 적응을 하는 데에도 적어도 한두 달이 소요된다고 합니다. 그런데 아무런 사전 교감 없는 새 과외 선생님으로 하여금, 그것도 전혀 재미가 없는 수학을 가르치게 한다고 생각해 보세요.

그렇다면 다른 방법은 없을까요? 이 '작은 인생'에게 가장 친근하고 믿음직한 엄마 아빠가 수학을 가르쳐 보면 어떨까요?

우리 아이들은 초등학교 저학년 때 엄마가 수학을 가르쳐 주었기 때문에 별 경계심 없이 잘 배우지 않았나 생각합니다. 적어도 초등학교 1, 2, 3학년 아이들에게는, 할 수만 있다면 엄마 아빠가 수학을 직접 가르쳐야 된다고 생각합니다. 물론 학교도 보내지 않고 엄마 아빠가 집에서 수학을 가르쳐야 된다는 말이 아니란 건 아시겠지요?

아무리 바빠도 저학년 아이들의 수학은 엄마 아빠가 직접 가르쳐야 한다는 말, 절대로 가볍게 여기지 마시고 이 핑계 저 핑계를 대며 회피하지 마셨으면 합니다. 그만큼 중요하기 때문입니다.

이때 아이들에게 해 주어야 할 것이 한 가지 더 있습니다. 그건 바로 칭찬입니다. 우리 아이들은 엄마 아빠의 칭찬을 이 세상 누구의 칭찬보다 더 좋아합니다. 엄마 아빠는 이 어린 인생들에게 바로 하나님이기 때문입니다. 그러므로 아이들에게 가장 익숙한 말로 수학을 가르치면서 칭찬까지 해준다면 이 얼마나 효과가 크겠습니까?

다시 말하지만 수학은 기초가 중요합니다. 그 기초는 초등학교 1~3학년 수학입니다. 수학 과외는 반드시 부모가 직접, 그리고 반드시 재미나게 가르쳐야 한다는 사실, 그리고 칭찬을 잊지 마셔야 합니다.

우리 아이들은 부모의 칭찬을 먹고 자라기 때문입니다.

아이들의 학습 노트를 정기적으로 살펴보자

우리 셋째가 초등학교 다닐 때의 일입니다. 어느 날 산수 노트를 살펴본 제 엄마가 깜짝 놀라며 나에게 "여보, 숙이 이것 좀 봐라" 했습니다. 셋째의 노트를 살펴보고 나는 깜짝 놀랐습니다. 나눗셈을 전혀 할 줄 모른다는 사실이 노트에 그대로 나타나 있었기 때문입니다.

위 언니들은 이미 공부 잘하는 아이들로 소문이 나 있었고 학습 진도를 따라가는 데 아무런 문제가 없었습니다. 그래서 셋째도 그렇게 공부를 잘할 줄 알았습니다. 그런데 이런 기대는 셋째의 노트를 보는 순간 완전히 무너지고 말았습니다. 지금 시작해도 따라갈 수 있을지 그게 가장 걱정이 되었습니다. 그래서 밖에 나가서 노는 아이를 불러 놓고 아주 차분하게 하나하나 테스트를 해 보기로 했습니다. 생각했던 그대로였습니다. 셋째는 깜박하고 나누기를 잘못한 게 아니라 전혀 나누기에 대한 개념이 없었습니다. 심각한 문제가 아닐 수 없었습니다.

그래서 나누기가 무엇인지부터 차근차근 설명을 해 주었습니다. 그림을 그려 보여 주기도 하고 색종이를 오려 알려 주기도 했습니다. 정말 다행스럽게도 셋째는 제 어미의 설명을 제대로 알아들었습니다. 그러나 혹시나 싶어 아주 쉬운 문제로 테스트를 해 보았습니다. 얼마나 조마조마했는지……. 하지만 다행히도 다 맞추었습니다. 만약 그때 우리가 아이의 노트를 살펴보지 않았더라면…….

그 이후로 우리 부부는 아이들의 노트를 열심히 살폈고, 노트는 시험지와 함께 아이들 학습지도에 아주 유용한 자료가 되었습니다.

만약 그때 잘하려니 하고 그냥 넘어갔다면 우리 아이는 일찌감치 산수를 포기했을 것이고, 그랬다면 자연계 진학은 예전에 포기할 수밖에 없었을 것입니다. 그만큼 직업 선택의 폭이 좁아졌을 것이며, 상당수 또래 친구들처럼 아직도 바늘구멍과 같은 취직 시험과 씨름하고 있지 않았을까 하는 생각이 듭니다.

물론 자녀들의 학습 노트를 정기적으로 살피는 것은 산수 노트에 국한시켜서는 안 될 것입니다. 모든 노트를 다 살펴보아야 함은 두말할 필요가 없습니다. 일기장도 자주 살펴보면서 요즈음 우리 아이가 어떤 마음으로 학교를 다니는지 알아야 할 것입니다. 어린 모종일수록 약하니만큼 잘 살펴야 하는 것과 같은 이치입니다.

  농사가 그러하듯 자녀 교육에도 다 때가 있기 때문입니다.

미국에서는
거지도 영어를 한다는데…

지금까지 살아오면서 나는 두 가지를 특히 후회하고 있습니다. 하나는 영어 공부를 잘해 두지 못한 것이고, 하나는 기회가 있었는데도 불구하고 악기를 배워 두지 않았다는 것입니다.

미국에서는 거지도 영어를 할 줄 아는데, 왜 나는 영어를 못했을까요? 요즈음 늦은 나이에 인터넷을 배웠는데, 여기에다 영어까지 좀 할 수만 있었다면 이 정보의 바다에서 얼마나 더 많은 지식을 얻을 수 있었을까요? 정말 여간 아쉬운 일이 아닙니다. 영어는 악기보다도 더 아쉬운 게 고등학교를 그만두고 그래도 얼마간 공부를 하긴 했습니다. 그러나 고비를 넘기지 못하고 포기하는 바람에 영영 놓치고 말았습니다. 지금 생각해 보면 이 모두가 나에게 영어의 중요성을 알려 줄 조언자가 없었기 때문이 아닌가 생각합니다.

영어가 안 되는 이유가 뭘까

나는 아이들이 중학교에 들어가자 영어를 어떻게 가르칠까 생각했습니다. 내 자신 영어를 할 줄도 모르면서 말입니다.

영어권에 사는 아이들은 초등학교를 졸업하는 13살 무렵이면 웬만한 소설은 다 읽을 수 있다고 합니다.

그런데 우리는 왜 못할까요? 중고등학교 6년을 배우고 몇 년 더 영어 공부를 하는데도 말입니다. 그 이유는 간단합니다. 그들만큼 영어를 많이 듣지 않았기 때문일 것입니다.

이게 내가 내린 결론이었습니다. 다시 말하면 우리가 영어를 못하는 것은 많이 듣지 못했기 때문입니다.

우리 손자는 6살인데도 자기 의사 표시를 정확히 합니다. 말할 것도 없이 그만큼 우리말을 많이 들었기 때문일 것입니다. 다른 이유는 없습니다. 결국 우리 손주는 우리말 공부를 하지 않아도 그렇게 되었던 것입니다. 그런데 듣는 것은 아무도 공부로 생각하지 않습니다.

영어도 마찬가지일 것입니다. 영어도 말이니까요. 그러므로 영어권 아이들처럼 많이 들으면 그들처럼 영어를 못할 이유가 없을 것입니다. 말이란 우선 듣기만 하면 말문은 나중에 저절로 트이는 것이라고 생각합니다.

가만히 누워 있는 신생아에게도 엄마는 자꾸 말을 합니다. 전혀 주의 깊게 듣지 않는 것 같지만 그래도 아기는 듣고 있는 것입니다. 어느 정도 시간이 지나면 아기들 입에서 저절로 "엄마" 하고 말이 나옵니다. 조금 더 지나면 "아빠 엄마"라는 말이 나오고 "눈, 코, 입"을 따라 합니다. 그러다 서너 살이 되면 어느 날 어디서 솟아나는지 말이 자꾸 입에서 나옵니다. 이때 모든 엄마들은 자기 아기들이 모두 천재라고 착각(?)을 합니다. 이게 말을 배우는 순서입니다.

그런데 옛날 영어 공부는 하나같이 이렇게 하지 않았습니다. 먼저 글자 ABCD부터 가르친 다음 문장과 문법을 가르치고 나중에 말을 가르쳤습니다. 이렇게 하니 6년을 공부하고도 영어를 제대로 말하지 못하는 것입니다.

어느 나라에서도 아기에게 글자를 먼저 가르치고 나서 문법과 말을 가르치지는 않습니다. 우리만 수십 년간 이렇게 했습니다. 이것이 결정적 잘못이 아닌가 생각합니다. 그래서 나는 우리 아이들에게 영어를 많이 들려주기 위해 녹음기부터 먼저 샀습니다. 막내아들 녀석이 중학교에 다닐 때에는 1톤 트럭을 사서 본격적으로 영어 들려주기를 시작했습니다. 차까지 샀으니 매일 등교를 시켜 주면서 교과서 녹음테이프를 틀어 주기로 작정을 했습니다. 우리 집에서 학교까지는 꼭 12분이 걸렸습니다. 우리 읍에는 신호등도 없고 교통 체증도 없기 때문에 언제나 같은 시간에 도착할 수 있었습니다.

나는 매일 차 안에서 교과 내용을 한 과씩 틀어 주었습니다. 그냥 틀어 주기만 했고 외우라든가 들으라고 하지도 않았습니다. 그냥 틀어 놓고 어떤 때는 이런저런 이야기도 하면서 학교에 갔습니다. 그런데 아이는 얼마 가지 않아 한 과를 다 외울 수 있었습니다.

막내가 중학교 3학년 때 일입니다. 집에서 할머니가 가사를 돌보시고 아이들 엄마는 딸아이들 뒷바라지를 위해 60리 떨어진 포항 시내에 나가 살았기 때문에 할 수 없이 막내도 포항으로 전학을 가게 되었습니다. 그때 우리는 포항 해도동에 살았는데 포항중학교까지는 약 15분 정도 걸렸습니다. 이때에도 매일 트럭으로 등교를 시켜 주면서 3학년 영어 테이프를 틀어 주었습니다. 나는 농사일 때문에 구룡포 집에 살았지만 매일 아들 녀석 등교를 위해 새벽에 포항에 갔고, 포항에서 잘 때는 꼭 등교를 시켜 주고 난 다음 집에 오곤 했습니다. 순전히 등교 시 영어 테이프를 틀어 주기 위해서였습니다.

그런데 매일 이렇게 등교를 시키는 중에 언제부턴가 상습적으로 교통 체증이 생겼습니다. 포항 죽도시장 근처에 도로 확장 공사가 있었기 때문입니다. 이 공사는 거의 1년을 끌어 겨우 완공을 했는데 정체가 심할 때에는 학교까지 30분도 더 걸렸습니다. 하지만 우린 한 번도 지루해한다거나 짜증을 내지 않았습니다. 공사 기간 내내 정체를 예상하고 좀 더 일찍 출발했습니다. 영어 듣기에 몰입할 수 있는 시간이 늘어난 것입니다. 그 덕분인지 중학교 때 막내는 영

어 시험마다 만점을 맞았습니다.

영어 듣기는 공부가 아니다

누가 뭐라고 해도 영어 공부의 핵심은 듣기라고 생각합니다. 그런데 듣기는 공부가 아닙니다. 그래서 누구나 쉽게 할 수 있습니다. 그런데도 대부분 사람들은 이것을 잘 모르는 것 같고, 너무 쉽기 때문인지 실천은 별로 하지 않는 것 같습니다. 하지만 이 일은 모두 우리 부모의 몫이 아닌가 생각합니다. 우리가 영어를 할 줄 몰라도 들려주는 일은 누구나 할 수 있지 않겠습니까? 우리가 미국 사람이라면 아이들과 매일 대화를 함으로써 그렇게 할 수 있을 것입니다. 그러나 그렇게 하지 못하니 녹음기로라도 들려주어야 할 것입니다. 어찌 겠습니까. 영어를 많이 들려주기는 해야 하고 우리가 말은 못하니, 할 수 있는 방법이야 녹음기로 들려주는 일밖에 더 있겠습니까?

요즈음은 영어 만화영화를 자주 보여 주는 부모들도 있다고 합니다. 이것도 아주 좋은 방법이 아닐까 생각합니다. 어찌 되었든 미국 아이들만큼만 영어를 들려주면 우리 아이가 듣는 데 장애를 갖고 있지 않는 한 그만큼은 하지 않겠습니까?

영어를 잘하게 하는 비결!

그냥 듣게 하자.
무조건 듣게 하자.
매일 듣게 하자.
우리말처럼 많이 듣게 하자.
말문이 터질 때까지 듣게 하자.
그리고 난 다음 영어 글자를 가르치자.

4

칭찬도
기술이다

변화를 부르는 칭찬의 놀라운 힘

선생님, 정말 고맙습니다

우리 셋째는 초등학교 성적도 그랬고 중학교 때는 예상을 뒤엎고 전교 일등을 여러 번 했지만, 그 성적이란 게 늘 안정된 게 아니어서 포항에서는 그래도 알아주는 포항제철고등학교까지 간 것만으로 만족했습니다.

그런데 학교 선생님들의 기대는 그게 아니었습니다. 큰언니와 둘째 언니가 고등학교 다닐 때 공부를 썩 잘해서 서울대 의대와 경북대 의대에 들어갔기 때문입니다.

셋째가 포항제철고등학교에 들어가니 이웃과 선생님들, 우리를 아는 사람들 대부분은 셋째도 언니들처럼 공부를 잘하리라 기대를 했습니다. 그런데 그 기대는 처음부터 무너지고 말았습니다.

입학 후 한두 번 시험을 치르고 나자 우리 셋째의 실력은 바로 판명이 났습니다. 나를 만나는 선생님마다 "숙이는 언니만큼은 아닌데" 하셨습니다. 그러고는 다들 "모두 다 잘하기란 어렵지. 여러 아이를 키우다 보면" 하고 위로(?)해 주셨습니다. 그런데 그 무렵 이건 정말 우연이었다고 말할 수밖에 없는 일이 일어났습니다.

선생님을 '칭찬 공범'으로

어느 날 우리 숙이가 학교에서 나를 만나더니 자기가 이번 수학 시험에서 전 학년에서 공부 제일 잘하는 아이와 나란히 동점으로 일등을 했다는 것이었습니다. 그리고는 스스로 자랑하는 게 좀 멋쩍었는지 "이번 시험은 문제가 좀 쉬워서……" 하고 말끝을 흐렸습니다. 그 말에는 "계속 잘하지는 못할 것이니 너무 기대는 하지 마세요"라는 의미도 포함된 것 같았습니다. 하지만 나는 너무나 의외의 일이라 놀라지 않을 수 없었습니다.

부모란 어쩔 수 없는가 봅니다. 아이가 스스로 자신은 언니들만큼 머리가 좋은 편은 아니므로 큰 기대를 하지 말라고 했지만, 그래도 완전히 기대를 접을 수는 없었습니다.

고등학교 성적은 수학이 좌우한다고 해도 과언이 아닙니다. 아이들을 여럿 고등학교에 보내 보니 알게 된 사실입니다. 당시 수학은 다른 어느 과목보다도 단위 수가 가장 높은 과목이었습니다. 그런데 이 수학을 최고로 잘하게 되다니……. 우리 셋째에게도 뭔가 보이는 것 같았습니다. 나는 이 기회에 무엇인가 해 보아야겠다고 이리저리 머리를 굴리기 시작했습니다.

나는 절대로 이 기회를 놓칠 수 없다고 생각했습니다. '그간 10년이 넘게 아이들의 사기를 돋구어 주기 위해 온갖 머리를 다 짜낸 내가 아닌가? 이는 정말 보통 일이 아니니 그냥 보통의 칭찬으로는 안 되겠다'는 생각이 들었습니다.

나는 바로 교무실에 찾아갔습니다. 마침 그때 내가 평소 잘 아는 교감 선생님을 만날 수 있었습니다. 선생님은 나에게 차를 권하시면서 우리 아이들에 대해 물었습니다. 그때 나는 자연스럽게 이번 시험에 우리 셋째가 수학에서 일등을 했다고 말씀드리고, 이 기회에 우리 숙이를 좀 '띄워' 주시면 고맙겠다고 은근히 청탁(?)을 넣었습니다. 정말 간절한 마음이었습니다.

이 일이 있은 지 한 달쯤 지났을까. 포항 시내에 방을 얻어 학교에 다니던 우리 셋째가 일요일에 구룡포 시골집에 왔습니다. 내가 선생님에게 그런 부탁을 했는지도 가물가물할 무렵이었습니다.

셋째는 "정말 공부를 잘하니 좋긴 좋더라" 하면서 바로 그 교감 선생님과 다른 선생님들이 복도에서 만날 때마다 칭찬을 하신다는 것을 은근히 자랑했습니다. 내심 아주 기분 좋은 말투였습니다. 나는 그때서야 교감 선생님에게 부탁을 드렸던 일이 생각났고, 이제야 효과(?)를 발휘하는가 싶었습니다.

나는 지금도 그때 선생님들을 만나면 고맙다고 절이라도 하고 싶은 마음입니다. 선생님들의 칭찬 이후 우리 숙이의 학교 성적이 그야말로 일취월장했기 때문입니다. 특히 수학과 물리는 거의 최고 등급의 성적을 유지했습니다.

그 후 셋째는 포항공대 화학과에 수석으로 입학할 수 있었고, 이 모두가 다 이 칭찬 때문이 아닌가 생각되었습니다. 대학 면접 때 "화학과에 지원하면서 왜 물리를 선택했느냐?"고 교수님이 질문했을 때 "화학은 좋아하지만 당시 고등학교 화학 선생님이 싫어서 잘하지 못했다"고 거짓말을 했다나요? 그 소리를 듣고 온 식구가 한바탕 웃은 적도 있었습니다. 수학과 물리 성적이 다른 과목보다 좋았기 때문에 물리를 선택한 것인데, 그런 거짓말을 하다니…….

이 모두가 당시 복도에서 만난 선생님들의 칭찬과, 기대를 저버리지 않기 위해 열심히 한 덕분이 아닌가 생각됩니다. 그 덕에 포항공대 졸업 후 다시 경북대 의대 학사 편입, 학사 과정을 마치고 서울대병원 인턴 시험에 합격, 다시 서울대 레지던트 시험을 거쳐 가정의학과 전문의 시험에 합격하고 의사로서의 모든 과정을 통과할 수 있게 되지 않았나 생각합니다.

"그때 포항제철고등학교 선생님들, 정말 고맙습니다!"

칭찬도 기술이다

여기 한 여자아이가 있습니다. 초등학교 4학년, 성적은 중간 정도인 아이입니다. 아버지 어머니는 둘 다 공무원으로 별 어려움 없는 중산층입니다. 이들에게 한 가지 더 바람이 있다면 아이들이 조금만 더 공부를 잘해 주었으면 하는 것입니다. 어느 날 막내딸아이가 학교에서 돌아오자마자 엄마에게 말했습니다.

"엄마, 나 오늘 산수 백 점 먹었다."

이런 날 이 아이의 표정이야 상상이 가고도 남습니다. 얼마나 신이 났을까요? 집에 오는 내내 엄마에게 자랑을 해야겠다는 마음으로 부풀어 있었을 것입니다. 하지만 설거지에 열중하던 엄마의 대답은 "문제가 쉬웠겠지 뭐"였습니다.

무심코 나온 말이었습니다. 그러나 그 말을 들은 딸아이는 "엄마는!" 하고 외마디 소리를 지르고는 방문을 쾅 닫고 나오지 않았습니다. 그제서야 엄마는 자신이 무엇을 잘못했는지 알아차릴 수가 있었습니다.

이 엄마에게 아이는 늘 착하고 귀여운 딸이었지만 성적은 그저 그랬던지라 별 기대를 하지 않았습니다. 그 때문에 무심코 "문제가 쉬웠겠지 뭐" 하고 평소 먹은 마음이 드러나고만 것입니다. 하지만 어찌 자식에 대한 기대가 전혀 없었겠습니까? 내심으로는 자신의 아이도 누구누구네 아이들처럼 공부를 잘해 주었으면 하고 바라지 않았다면 거짓말일 것입니다. 그러나 번번이 기대만큼 되지 않았고, 이제 포기 반 기대 반으로 지낸 지 오래였습니다.

아무튼 이번에 엄마가 크게 잘못한 것은 분명했습니다. 그러나 후회가 앞서는 일은 없는 법, 이미 때는 놓치고 말았습니다.

이 이야기는 울산의 한 도서관에서 '칭찬도 기술이다'라는 주제로 강연을 하고 난 후 그 강연을 들으신 한 학부모님이 점심 식사 중에 자신의 실수를 이야기해 준 것입니다.

만약 이때 엄마가 설거지를 하다 말고 깜짝 놀라며 "정말? 이게 웬일이야! 우리 딸 정말 대단하구나. 이제야 우리 딸 본 실력이 나오는구나" 이렇게 칭찬을 했다면 어땠을까요?

"네가 수학을 잘하는 것을 보니 너는 아빠를 닮은 것 같다" 하고 후렴까지 말해 주었다면 그 아이는 더 신이 나지 않았겠습니까? 어쩌면 엄마가 이제야 내 실력을 알아주는 것 같다는 생각에 눈물까지 글썽거렸을지도 모릅니다.

아이는 저녁 무렵 아빠에게도 이 '희소식'을 전했을 것이며, 이제 신이 난 아이는 적어도 산수 공부만큼은 젖 먹던 힘까지 다해서 하게 되지 않았을까요?

공부는 신이 나서 하는 게 진짜 공부가 아니겠는지요? 그 효과야 말해 뭐하겠습니까? 이렇게 부모의 칭찬을 들은 아이는 이제까지와는 달리 그야말로 초인적인 힘으로 더 열심히 열심히 공부를 할 것입니다.

운동선수들도 마찬가지입니다. 관중석에서 들려오는 우레와 같은 함성이 없다면 그 같은 힘이 어디서 나오겠습니까? 아무리 돈을 많이 준다고 하더라도 아마 매 경기를 그같이 신나게 하지는 못할 것입니다. 운동선수와 가수는 관중들의 박수 소리에 죽고 산다고 합니다. 다 자란 어른도 이렇게 칭찬에 약한데, 아이들이야 더 말해 무엇하겠습니까?

칭찬도 기술이고, 준비가 필요하다

칭찬도 '기술'입니다. 그러므로 이 칭찬하는 기술을 연마해야 합니다. 칭찬하는 말도 여러 경우를 가상하면서 미리미리 생각해 두어야 합니다. 뿐만 아니라 이 말을 내 것으로 완전히 소화시켜 두었다가 적기에 쓸 준비를 늘 하고 있어야 합니다. 아무리 꼭 맞는 칭찬의 말일지라도 적기에 순발력 있게 쓰지 못한다면 아무 소용이 없기 때문입니다. 그러나 아무리 좋은 기회가 왔다고 하더라도 미리 준비해 두지 않으면 갑자기 칭찬하는 말이 생각나지도 않을 뿐 아니라 이처럼 생각지도 않은 엉뚱한 말이 튀어나오기 쉽기 때문입니다.

아픈 아기도 박수치게 만드는 칭찬의 힘

우리 손주가 감기에 걸려 사흘째 고열에 시달린 적이 있습니다. 두 번 병원을 찾아갔는데, 의사들은 별것 아니라 했지만 계속 해열제를 먹이는데도 잘 듣지를 않습니다. 제 할미는 끙끙 앓는 손주가 안쓰러워 들쳐 업고 지냅니다.

그런데 달착지근한 시럽 해열제도 처음엔 잘 먹더니 이제 그마저도 잘 먹지를 않으려고 합니다. 그래서 온 식구가 달라붙어 온갖 방법을 다 동원합니다. 심지어 할애비인 내가 손주 앞에서 춤을 추기도 하고 "얌얌" 하며 맛있게 약을 먹는 시늉을 하기도 했습니다. 하지만 영특한 이놈은 좀처럼 우리의 작전에 말려들지를 않습니다. 평소엔 잘 주지도 않던 과자로 달래 보기도 했지만 모든 게 귀찮은 것 같았습니다.

그러나 우리는 포기할 수가 없었습니다. 이놈이 약간 한눈을 파는 사이 살짝 약을 입술에 갖다 대 보았습니다. 그랬더니 멋도 모르고 입술을 빠는 것이었습니다. "아이고, 우리 예준이(손주 이름입니다) 약 잘 먹는구나. 모두 박수~!" 하며 온 식구가 박수를 쳐 주었습니다.

그리고 다시 또 "한 번 더" 하며 약 숟가락을 입술에 갖다 댔습니다. 이번엔 어찌 된 일인지 입을 크게 벌리더니 약을 꿀꺽 삼키지 않겠습니까? 하도 기특해서 우리 모두는 다시 큰 박수를 쳐 주었습니다. 너무나 기분이 좋은 나머지 우리 두 살배기 손주도 따라 박수를 치기 시작했습니다. 체온이 39도로 열이 펄펄 나는 아기가 손뼉을 치는 모습을 보니 안쓰럽기도 하고 기특하기도 했습니다.

그런데 정말 웃기는 것이, 박수 치는 우리 손주의 모습이 마치 저 북쪽의 '김정일 박수(왼손을 밑으로 하고 오른손을 위에서 내려치는)' 같았습니다. 그래서 온 식구가 또 한바탕 크게 웃었습니다. 두 살배기가 치는 김정일 박수……. 짝! 짝! 짝! 이게 칭찬의 효과가 아니겠는지요?

이처럼 어른 아이 할 것 없이 사람은 누구나 칭찬을 먹고 산다고 해도 과언은 아닐 것입니다.

아침 등교 전에 듣는 부모의 칭찬 한마디에 아이들은 온 종일 학교생활이 즐겁지 않겠습니까? 출근 전 남편에게, 아내에게 보내는 칭찬 한마디, 가족이라고 자칫 인색하기 쉬운 칭찬, 돈도 들지 않는 일인데 너나없이 어찌 그리 인색한지요…….

    요즈음에는 정미기가 워낙 좋아 밥에 돌이 섞이는 경우가 거의 없지만 예전엔 쌀에 돌이 아주 많았습니다. 그래서 부엌에는 돌을 골라내기 위해 조리와 쌀을 이는 바가지 두 개가 늘 비치되어 있었습니다. 밥 속의 돌은 식사 기분을 아주 망칩니다. 어떤 때는 이가 상하는 경우도 종종 있었습니다. 밥숟가락을 팽개치고 밥을 먹지 않겠다고 유난스럽게 구는 아이들도 있었습니다. 이 때문에 우리 엄마들은 하루도 빼놓지 않고 정성스럽게 돌을 골라냈습니다.
    그런데 이렇게 밥에 든 돌은 매일 골라내는 우리네 어머니들도 자식들에게 하는 말은 그렇게 골라내 가며 하지 않는 것 같습니다.
    쌀 속의 돌을 골라내듯 자녀들에게 말하기 전 입안에서 할 말 못할 말을 미리 골라내야 한다는 이야기입니다.

떡짐을 지고 가는
어떤 아이 이야기

　　　　　우리 집에서 음력 10월 10일은 아주 중요한 날이었습니다. 그날은 문중 묘제를 지내는 날로, 수십 년 전부터 이 행사를 우리 집에서 준비했습니다.

　예전에는 먹을 것이 귀했기 때문에 동네 아이들은 이런 묘제 때 떡을 얻어먹기 위해 학교를 무단결석하거나 학교가 일찍 파하는 날이면 묘제를 지내는 산에 올라가 기다리곤 했습니다.

　나는 묘제를 지내는 날은 아예 학교를 가지 않는 때가 많았습니다. 그런데 초등학교 5학년 때인가, 그날은 좀 다른 일이 일어났습니다. 할머니께서 할아버지가 연로하시니 나보고 제물인 떡을 지고 가라는 것이었습니다. 나는 얼른 듣기로 기분이 아주 좋아 그렇게 하겠다고 했습니다. 떡을 지고 가면 떡을 나누어 줄 때 내 몫으로 한 몫 더 받을 것이라 생각되었기 때문입니다. 본래 심부름을 싫어하는 나였지만 그때는 선뜻 응했습니다.

지게질은 자신이 있었습니다. 소꼴을 베 오는 일은 항상 내 담당이었고 겨울철 나무를 해 오는 일도 상당 부분 내 몫이었으니 그까짓 떡 한 짐쯤이야 싶었습니다. 처음에는 가벼웠습니다. 그런데 이건 갈수록 아니었습니다. 보통 내가 졌던 짐은 산 위에서 아래로 내려오는 짐이어서 별것 아니었는데, 이건 올라가는 짐이었기 때문에 산 위로 올라갈수록 나를 더욱 압박했기 때문입니다. 그리고 자꾸만 떡과 같이 실려 있는 술병이 걱정되었습니다. 자칫 술병을 떨어뜨리면 어쩌지, 나는 후회하기 시작했습니다. 질 수 없다고 달아나 버릴걸 하는 생각이 들었습니다. 떡 한몫 더 얻어먹을 생각으로 기꺼이 응한 것이 후회되었습니다.

그런데 뒤따라 명주 자리를 옆에 끼고 올라오시던 할아버지께서 당신의 손자가 무거워 낑낑대는 것을 알아채셨습니다. "왜? 무겁나? 여기 받쳐 보아라" 하시면서 실룩실룩 변한 손자의 얼굴을 보고 "술병은 내가 가져가마. 떨어지면 큰일이다" 하시면서 술병을 내려 주시고 짐을 기울지 않게 바르게 고쳐 주셨습니다.

조금 쉬다가 다시 짐을 졌습니다. 이제는 살 것 같았습니다. '처음부터 그랬으면 좋았을걸. 내년부터는 아예 술병을 할아버지한테 맡

기고 떡만 지고 와야지' 생각했습니다. 물론 묘제가 끝나고 떡을 나누어 주면서 할아버지께서 이 떡짐은 어린 손자가 지고 왔다고 자랑하셨고, 내 몫이 조금 더 있었음은 말할 것도 없습니다.

다음 해 똑같은 일이 일어났습니다. 할아버지가 더 수척해지고 기운이 없어진 것 외에 별로 변한 게 없었습니다. 이번엔 작년 일을 기억하셨는지 할아버지가 처음부터 술병을 챙기시고 대신 명주자리를 내 지게에 실으셨습니다. 아무래도 술병이 걱정되신 것 같았습니다.

그런데 이건 짐도 아니었습니다. 너무나 가벼웠습니다. 곧 무거워질 거라고 생각했는데, 아니었습니다. 1년 전에 지게를 받쳤던 곳에 가까이 와도 작년처럼 그렇게 힘들다는 느낌은 전혀 들지 않았습니다. 나는 그제야 깨달았습니다. 그간 내가 많이 컸고, 꼴이랑 나무를 지면서 몸이 상당히 단련되어 있었기 때문이었습니다.

나는 작년에 지게를 받쳤던 그곳에 지게를 받쳤습니다. 그랬더니 할아버지께서 약간 놀라시면서 "왜? 무겁나?" 하셨습니다. 나는 "아니요, 그 술병도 얹어서 지고 가려고요" 하면서 할아버지의 손에 들려 있는 청주병을 가리켰습니다. 할아버지께서 "괜찮겠나?" 하셨습니다. "아무것도 아닌데요, 뭐" 하고 나는 대답했습니다. 할아버지는 약간 걱정되는 표정을 지으시며 그 술병을 내 지게 위에 얹어 주셨고, 나는 짐을 고르게 한 다음 다시 지게를 졌습니다. 그래도 무겁지 않았습니다.

무거운 짐을 지고 비탈길을 뚜벅뚜벅 걸어가는 손자가 대견했는지 할아버지는 연신 "이놈이 이제 장군이네" 하시면서 힘겹게 올라오셨습니다. 내년에는 할아버지까지 지고 갈 것 같은 기분으로 나는 가볍게 올라갔고, 작년처럼 떡을 많이 얻어 오면서 가슴 뿌듯해했습니다.

또 한 해가 지났습니다. 그러나 할아버지는 이미 이 세상 사람이 아니었습니다. 그리고 나는 대구에서 중학교에 다니고 있었기 때문에 내 평생 떡짐 지는 일은 다시 없었습니다.

일흔을 바라보는 나이가 된 지금, 나는 50년도 더 된 그때의 일을 떠올리면서 사람들은 왜 자꾸 자기 자식에게 무거운 짐만 지우려고 하는지 모르겠다는 생각을 합니다.

요즘 부모들은 아이가 학교에 다녀오면 수학이며 영어, 태권도, 미술, 피아노 등 이 학원 저 학원을 돌립니다. 그런데 도대체 어린 것들이 어떻게 그 많은 짐을 지고 갈수 있을까요. 곧 내려놓을 떡짐일지라도 당장에 무거우면 내팽개치고 싶은 게 아이들의 마음일진대……. 이제부터라도 우리 아이들의 짐을 좀 가볍게 해 줄 수는 없을까요?

어린 손자를 뒤따라오시면서 "이놈이 이제 장군이네" 하시던 우리 할아버지의 격려의 말씀이 지금도 들리는 듯합니다.

칭찬은 고래도 춤추게 한다는데……

 우리 동네는 농촌 마을이지만 농지가 많지 않은, 산지에 가까운 작은 마을입니다. 구성원은 주로 예순이 넘은 노인들입니다. 그러다 보니 예순을 바라보는 나이라도 젊은 축에 속합니다.

 마을 어른들이 가장 재미있어하는 놀이는 윷놀이입니다. 일흔이 넘은 노인들도 평소에는 몸이 아프다는 얘기를 많이 하지만 윷놀이 판이 벌어지면 그 아픈 몸들이 다 어디를 갔는지 "윷이야" 하는 고함 소리가 우렁찹니다. 뿐만 아니라 그 동작의 익숙함과 민첩함에 놀라지 않을 수 없습니다. 요사이 젊은이들은 윷놀이를 즐겨 하지 않습니다. 명절에도 윷가락을 만져 보는 일이 드물기 때문에 어른들의 윷놀이 솜씨가 더 돋보였는지 모릅니다.

 그런데 이렇게 어른들이 윷을 놀 때 우리 같은 젊은이들(?)은 뒤에서 신나게 응원을 합니다(열 살 이상 나이 차이가 나면 윷을 같이 놀지 않는 것이 내가 사는 고장의 예의입니다. 자칫 승부욕에 치우쳐 위아래를 몰라보는 수가 있기 때문에 자연스럽게 생긴 불문율입니다).

 큰 소리로 택호(老號)를 연이어 부르면서 "○○ 어른 최고야" 하고 신나게 추어올려 주면 정말 굽은 허리가 펴지고, 손놀림도 평소와 너무도 다르게 잽싸집니다. 옆에서 보는 우리는 감탄해 마지않습니다.

 나이 일흔이 넘어도 신이 나면 이렇게 평소와 다른 모습을 보입니다. 격려의 말이란 노소를 가리지 않는 모양입니다. 오죽하면《칭찬은 고래도 춤추게 한다》는 책까지 나오겠습니까.

  이제부터라도 우리 자녀를 격려하기 위한 말을 생각해 봅시다. 매일 '공부해라' '게임 좀 그만해라' 하는 말을 되풀이하기보다(우리가 어렸을 때를 생각해 봅시다. 정말 짜증 나는 말 아닌가요?) 아이들을 신나게 하는 구호를 생각해 봅시다. 이것이 후일 수백만 원짜리 족집게 과외를 붙여 주는 것보다 더 효과적이라는 사실을 왜 우리는 잊고 살까요?

5

식물도
운동을 해야 한다

농부라서 깨달은 것들

식물도 운동을 해야 한다

우리처럼 시설 재배를 하는 농사꾼들은 여러 가지 병해와 생리 장애에 대해 예리하게 관찰합니다. 한 예로 토마토의 마디 사이가 길어지고 웃자라는 원인을 알아보겠습니다.

예전에는 대부분 광 투과량과 일조시간이 적고 고온에 수분이 많으면 웃자람 현상이 일어난다고 간단히 설명했습니다. 그리고 그 때문에 병충해가 많이 발생한다고 설명했습니다. 그러나 똑같은 조건이라도, 연동하우스에서는 토마토가 웃자라지만 단동하우스에서는 웃자람 현상이 현저히 줄어드는 현상을 어떻게 설명해야 할지 난감할 때가 있었습니다.

단동하우스는 한 동씩 한 동씩 띄워서 따로따로 지은 비닐하우스를 말하고 연동하우스는 하우스를 연이어서 지은 것을 말하는데, 연동하우스는 바람이 쉽게 통하지 않는다는 것 외에는 다른 차이가 없습니다.

물론 연동하우스도 천창(天窓)이 잘 나 있어서 온도 조절과 공기 순환은 아주 용이하게 되어 있습니다. 그러므로 최근까지는 땅을 효율적으로 이용할 수 있고 가온이 용이하다는 이유로 연동하우스가 단동하우스보다 더 많이 권장되었습니다.

그런데 작물을 직접 재배해 본 결과 이상하게도 연동하우스는 단동하우스보다 농작물이 더 웃자라고 병충해가 더 많이 발생했습니다. 그래서 우리 농업인들은 연동하우스에서 토마토 재배하는 것을 기피해 왔습니다. 그 원인을 제대로 알게 된 것은 아주 최근의 일입니다.

버섯 같은 식물을 제외한 모든 식물은 자연 상태에서 바람에 의해 늘 흔들거립니다. 하루 종일 조금도 흔들리지 않고 그냥 꼿꼿이 서 있는 경우는 없습니다.

그러나 시설 재배인 경우 하루 종일 바람 한 점 없는 곳에서 농작물이 자라고 있습니다. 특히 겨울날 찬바람이 심할 때에는 보온을 위해 하루 종일 환기를 시키지 않을 때가 많습니다. 이런 경우 토마토의 웃자람 현상은 더욱 심하게 되고 거기에 습도까지 높아지면 심각한 결과에 이르게 됩니다.

조물주께서는 모든 식물, 아니 모든 생물이 다 그 생물이 살게 될 자연환경을 미리 감안해 설계하고 만들어 놓으신 것 같습니다. 다시 말하면 조물주께서는 잎을 가진 모든 식물은 바람에 의해 움직일 때 정상적으로 자랄 수 있도록 미리 설계했다고 할 수 있습니다. 이렇게 만들어진 식물을 바람 한 점 없는 곳에서 자라게 하면 어떤 일이 발생할까요? 아랫잎 윗잎이 겹겹이 난 농작물에 바람이 없으면 아랫잎은 하루 종일 직사광선을 제대로 받지 못할 것입니다.

그러나 노지에서는 바람이 식물의 줄기와 잎들을 하루 종일 흔들어 주므로 아랫잎 윗잎이 고루 햇빛을 받을 수 있습니다. 윗잎만 하루 종일 햇빛을 받고 아랫잎이라고 해서 윗잎에 가려 햇빛을 전혀 받지 못하는 일은 없다는 말입니다. 그 때문에 모든 잎들이 고루 햇빛을 받고 절간(잎이 달려 있는 마디와 마디 사이)이 짧아집니다. 이렇게 모든 잎이 햇빛을 고루 받아야 식물이 건강하게 잘 자랄 수 있습니다.

가만히 서 있는 식물을 위해 놀랍게도 바람이 다 맡아서 운동을 시켜 주고 있는 것입니다. 이렇게 운동을 하며 잘 자란 작물이 나중에 탐스러운 열매를 맺는 것은 두말할 나위도 없습니다. 그런데 만약 바람이 없다면 위에 열거한 문제 외에도 예상하지 못한 여러 가지 문제가 발생합니다.

토마토를 예로 들면 지나치게 길게 자라난 꽃대에 열매가 달리면 꽃대가 쉽게 부러져 버리는 치명적 사고가 발생합니다.

땅에 뿌리박은 식물도 운동이 부족하면 이렇게 여러 가지 문제가 발생하는데, 두 발 가진 사람이 하루 종일 움직이지 않고 앉아 있기만 한다면 어떤 문제가 생길까요?

우리 아이들이 꼭 운동을 해야 하는 이유, 더 이상 긴 설명이 필요할까요?

파종하기 전 잡초를
제거하는 농부의 지혜

이곳 포항은 '포항초'로 잘 알려진 시금치의 주산지입니다. 요사이(9월 하순)가 시금치 파종기인데 며칠 전부터 파종을 시작해 지금은 하우스재배만 파종을 남겨 둔 상태입니다 그런데 시금치 농사를 짓다 보면 의외로 재미가 있기도 한 반면에 농사짓기가 매우 까다롭다는 사실을 알게 됩니다.

얼핏 아무나 쉽게 지을 수 있는 농사 같지만 제대로 소득을 올리려면 그리 만만치가 않습니다. 한 해 시금치 작목반 정산을 해 보면 그 사실이 더 잘 드러나는데, 평당 3천 원 정도의 소득을 올리는 사람에서부터 무려 2만 원, 거의 7배의 고소득을 올리는 사람도 보았기 때문입니다.

도대체 왜 이렇게 소득 격차가 심할까요? 한마디로 농사 기술의 차이 때문입니다. 토성과 지력을 키우는 일에서부터 파종, 다음으로 비배관리(식물에 거름을 주고 가꾸는 일)에 이르기까지 농사 기술의 차이는 그야말로 천차만별이라고 할 수 있습니다.

하지만 시금치 농사에도 기본은 있습니다. 시금치는 땅을 유별나게 가리는 작물입니다. 그러므로 먼저 토양 검사가 필수입니다. 시금치는 산도 7도 정도의 중성토양에서 잘 자라는 작물이므로 먼저 그 밭의 토성을 검사하고 그 땅에 시금치 파종이 적합한지 미리 파악해야 합니다. 시금치는 강산성토양에서는 절대로 자라지 않기 때문입니다. 이런 토양에서는 아무리 밑거름을 많이 넣고 웃거름과 물을 적절히 준다 해도 시금치는 자라지 않습니다. 무엇보다도 먼저 산도 검사와 교정이 최우선입니다.

다음은 잡초 제거 작업입니다. 시금치는 키가 작은 작물이기 때문에 잘못하면 잡초에 곧 잡히고 맙니다. 겨울을 넘기는 잡초라고 만만하게 보아서는 안 됩니다. 좀 심하게 말하면 시금치 파종을 하기 전에 잡초를 미리 잡을 여유가 없다면 시금치 농사는 일찌감치 포기해야 합니다.

수십 년 농사를 지으면서 풀 때문에 농사를 포기한 적이 한두 번이 아니었습니다. 지혜로운 농부는 시금치를 파종하기 전에 미리미리 잡초를 제거합니다. 여름 풀밭을 잘 갈아엎고 관수를 해서 아직

발아하지 않은 가을 잡초까지 미리 싹을 내게 한 다음 다시 갈아엎습니다. 파종 직전까지 그렇게 잡초를 제거해야 합니다. 이런 방식으로 두어 번 잡초를 제거한 다음에 시금치를 파종합니다. 이 정도까지 한 사람은 시금치 농사는 이미 다 지은 것이나 다름없습니다.

우리 아이가 태어나서 자랄 부모의 품과 우리 가정과 우리 동네는 아이들이 자라날 토양에 비유할 수 있습니다. 나쁜 토양에 농사가 잘될 수 없듯 나쁜 환경에 노출된 아이들이 잘 자랄 수 없는 것은 당연한 이치입니다. 그래서 '맹모삼천지교'라는 말이 나왔는지도 모르겠습니다. 이처럼 나 자신과 가정 그리고 주위의 환경을 다시 점검해 볼 필요가 있습니다.

시금치 농사꾼이 아직 파종도 하기 전 잡초를 염려해 미리미리 물을 주고 밭을 갈아엎으며 잡초를 제거하듯, 우리는 아이들에게 나쁜 영향을 미칠 토양과 잡초가 무엇인지를 예상하고 이것들을 미리미리 제거해 주어야 합니다.

농사도 교육도,
참아야 한다

　　　　　　나는 요사이 매일 참아야 합니다. 본래부터 성질이 급해 신중하지 못하고 항상 일을 저지르는 편인데, 나이가 들수록 이런 증세(?)가 더 심해지는 것 같습니다. 그런데 요즈음 토마토 농사를 지으면서도 나는 매일 참아야 합니다.

　토마토 농사는 어릴 때 관리를 잘해야 고품질의 열매를 많이 생산할 수 있습니다. 그렇기 때문에 어릴 때 아주 잘 관찰을 해야 합니다. 어릴 적에 비료나 수분을 너무 많이 공급하면 착과도 잘 되지 않고, 착과가 되더라도 기형과가 많이 발생합니다. 그래서 할 수만 있다면 1번과가 착과되기 전에는 웃거름을 주지 않아야 하며, 그 이전까지는 물 주기도 아주 억제해야 됩니다.

우리처럼 유기농으로 농사를 짓는 사람은 작물에 필요한 거름 총량을 계산해 한 번에 밑거름으로 다 주어야 합니다. 이때 자칫 너무 많은 비료분이 한꺼번에 흡수될 수가 있습니다. 그러므로 접목한 토마토의 경우 종이로 뿌리를 싸서 어릴 때 비료분이 너무 많이 흡수되지 않도록 뿌리를 일시적으로 흙과 차단해 심는 경우도 있습니다. 그만큼 어릴 때 비료 흡수가 과다하면 좋지 않다는 이야기입니다.

그래서 이런 번거로운 일을 하지 않기 위해서는 관수 조절을 통해 비료분이 너무 많이 조기에 흡수되지 않도록 합니다. 그렇게 하다 보면 어린 토마토가 한낮에 약간 시드는 듯 보일 때가 있습니다. 이때 경험이 부족한 농부는 마음이 급해서 곧 물을 주게 됩니다. 하지만 이것은 금물입니다. 어릴 때 물을 자주 주면 뿌리내림(착근)이 잘 되지 않아서 자생력을 잃게 되기 때문입니다.

토마토는 어릴 적 뿌리내림이 좋아야 합니다. 그래야 다 자라 열매가 많이 달렸을 때 가뭄을 타지 않고 배꼽썩음병에 잘 걸리지 않습니다. 이뿐만이 아닙니다. 이렇게 뿌리내림이 좋은 토마토일수록 윤기가 나고 맛이 좋고 단단하며 신선도가 오래 유지됩니다.

하지만 초보 농부들은 당장 시들어 가는 토마토를 보면 안타까워 금방 물을 주려고 합니다. 정말 참기 어려운 일입니다. 마치 배고프다고 젖 달라고 보채는 아기를 보고는 못 본 체할 수 없는 엄마와 같은 심정일 것입니다.

이뿐만이 아닙니다. 줄기가 가느다란 약한 토마토를 보면 바로 속효성 비료를 주어야 한다는 생각을 하기 쉽습니다. 이 유혹도 너무나 강해 좀처럼 참기가 어렵습니다. 그러나 꼭 참아야 합니다.

이런 이치는 식물에만 해당되는 현상이 아니고 소와 돼지 같은 가축도 마찬가지입니다. 가축도 비만하면 새끼를 잘 배지 않습니다. 토마토도 똑같습니다. 그래서 토마토도 줄기가 비만하게 자라지 않게 하기 위해 정식 후 한 달 가까이(사질토양이 아닌 경우) 물 주기와 비료 주기를 참아야만 품질 좋은 토마토를 기대할 수 있습니다.

이것이 내가 40여 년 농사지으면서 터득한 원리입니다. 이 원리는 자녀 교육을 위해서도 꼭 필요하지 않나 생각합니다. 우리 아이들을 키울 때는 정말 없어서 조금 주고 조금 먹이며 키울 수밖에 없었습니다. 가난해서 많이 먹이지 못했고, 많이 배우지 못했기 때문에 남들처럼 잘 가르칠 수가 없었습니다. 그런데 그게 요즈음 생각해 보면 결과적으로 자생력을 키운 게 아닌가 생각합니다.

우리는 우리의 자녀들과 언제까지나 같이 살 수는 없습니다. 우선은 도와주는 일이 쉽고 편할지 모르지만 나중에는 부모 없이 살아갈 때가 오는 것입니다. 우리 자녀들 인생의 승패는 우리가 그 자생력을 미리 얼마나 잘 키우느냐에 달려 있습니다.

아이들의 자생력을 키우기 위해서는 조금 어려워할 때 도와주고 싶은 마음이 굴뚝같아도 스스로 애쓰며 일어날 수 있도록 참을 줄도 아는 부모, 뿌리내림을 잘할 수 있도록 도와주는 교육이 필요합니다.

우리의 인내는 항상 이렇게 시험을 받습니다.

"물을 주어야 한다."
"아니다. 아직도 멀었다. 며칠 더 참았다가 주어야 한다."
이렇게 우리 부부는 아직도 어린 토마토 물 주기를 놓고 티격태격 싸움을 곧잘 한답니다.

나 같은 사람은 나밖에 없다

아이들을 가르칠 때 가장 주의해야 할 것은 화를 내면서까지 옳게 가르치려는 유혹에 빠지지 말아야 한다는 점입니다.

이 말이 설득력이 있는지 없는지는, 다른 사람이 화를 내면서 나를 바로잡으려고 할 때 나의 기분이 어떠했으며, 내가 그때 다른 이에게 설득되어 바로잡혔는지를 생각해 보면 알 수 있습니다. 우리는 누구나 아무리 옳은 말이라도 상대방이 화를 내면서 하면 기분이 나빠져서 오히려 어긋난 행동을 하게 된 경험들을 갖고 있습니다.

나는 본래 성질이 급해 한번 화를 내기 시작하면 걷잡을 수가 없어서 잘되어 가던 일도 곧잘 망쳐 버리는 사람입니다. 그래서 저 자신을 제어하는 방법을 많이 생각하게 되었습니다.

나는 먼저 다음과 같은 주문(?)을 외우면서 화를 참고 스스로 이성적으로 문제를 해결하려고 노력했습니다.

'나 같은 사람은 나밖에 없다.'

이 말은 나를 진정시키는 데 많은 도움을 주었습니다. 이 말을 주문을 외우듯 입 속에서 몇 번 반복하면 마음의 평정이 돌아오고 냉정해질 수 있었습니다.

자식들이 항상 내 말을 잘 듣는다면 그들은 로봇일 뿐, 자식은 아닐 것입니다. 그리고 내가 어떻게 부모에게 불효했으며 좌절을 안겨 주었는지를 생각하면 당장 아이들이 내 말을 듣게 해서 문제를 해결하려는 조급증에서 벗어나게 되며, 대신 느긋이 내 아이들이 자신의 생각의 휴면기(休眠期)를 깨고 올바른 길로 돌아올 때까지 기다릴 수 있을 것입니다(식물에는 1년이라는 휴면기가 지난 후에 혹은 겨울이라는 추위를 겪은 후에 싹을 내는 것이 많습니다. 아이들에게도 휴면기가 있지 않겠습니까).

자녀들이 나의 말을 듣지 않는 것은 나와 다르다는 것을 의미하며 나로부터 자유로워지는 과정인 것입니다. 하나님도 인간을 창조하실 때 반역할 수 있는 자유인으로 만들지 않았나 생각됩니다. 너무 비약하는 느낌이 있지만 반역할 수 없는 인간, 이것만큼 인간을 폄훼하는 말은 없을 것입니다.

내 자식이라고 해서 꼭 내 말을 들어야 할 이유는 없는 것입니다.

내가 이 세상을 떠난 후 그들은 나와 아무 관계도 없이 살아갈 것입니다. 하지만 화를 내는 것은 아이들 공부는 물론 부모와 아이들의 인생에도 별 도움이 안 된다는 사실을 우리는 언제나 늦게 깨닫게 됩니다.

기다리는 것도 실력이다

전에 우리가 살던 집은 초가지붕을 벗기고 슬레이트를 입힌 구옥이었습니다. 그래서 지붕을 받치는 기둥이 밖으로 노출되어 있었는데 언젠가 보니 이 기둥 꼭대기에 작은 구멍이 나 있었습니다. 그런데 그 기둥 밑에 도둑고양이 한 마리가 며칠을 앉아 있는 것이 눈에 띄었습니다. 우리 동네는 들고양이가 아주 흔했기 때문에 처음엔 그냥 그렇게 앉아 있는가 보다 생각하고 무심히 넘겼습니다. 그런데 그 앉아 있는 모양이 예사롭지 않아 이놈이 무엇 때문에 여기 앉아 있는지 관심을 갖게 되었습니다. 아니나 다를까. 며칠 만에 비호같은 질주가 시작되더니 찍 하고 쥐 소리가 났습니다. 나는 그제야 깨달았습니다. 저놈이 쥐를 잡으려고 몇 날 며칠을 그 구멍 아래에서 기다렸구나.

고양이가 예리한 발톱과 재빠른 달리기 기술만 가지고 있는 줄 알았는데, 그렇게 며칠을 기다리는 실력(?)이 있는 줄은 그제서야 알았습니다.

우리 부모들도 목구멍까지 올라오는 잔소리를 삼키고 때를 기다릴 수 있어야 합니다. 잔소리, 그것으로는 결코 아이들의 마음을 '사로잡을 수' 없기 때문입니다.

토마토 곁순을
자르는 까닭

한평생 토마토를 키우다 보니 '어찌 자식 키우는 것하고 이렇게도 닮았을까?' 하는 생각이 들 때가 많습니다. 토마토는 다른 과채류에 비해 유별나게 곁순이 많이 나는 농작물입니다. 그래서 일일이 잘라 주어야 합니다. 그러나 어린 토마토의 곁순은 그렇게 철저히 잘라 주지 않습니다. 왜냐하면 생육 초기에는 잎의 수만큼 뿌리내림이 된다고 하므로 되도록이면 잎 수를 많이 확보해 뿌리내림을 쉽게 할 수 있도록 도와주기 위해서입니다. 그러다가 어느 정도 활착이 되고 나면 하나둘 나오는 곁순을 제거해 줍니다.

그런데 아이들의 말을 잘 들어 보면 참 생각이 다양하고 때로는 엉뚱합니다. 나이가 어리면 어릴수록 더 그렇습니다. 그런데도 우리 부모들은 어린 자녀들의 이런 산만하고 엉뚱한 생각들을 그대로 방치(?)합니다. 왜 그럴까요? 어린아이들의 생각을 너무 통제하면 자칫 아이의 자기표현마저 가로막게 된다고 생각하기 때문입니다. 이것은 마치 어린 토마토를 키울 때 곁순치기를 하지 않는 것과 같다고 할 수 있습니다.

어린 아이들의 상상력과 자기표현은 훗날 건전한 창의력의 밑거름이 될 것입니다. 아이들은 보통 자라면서 스스로 가지치기를 합니다. 그러나 모든 아이들이 다 그런 것은 아닙니다. 어느 정도 나이를 먹어도 유아적인 생각을 버리지 못하는 산만한 아이들을 가끔 볼 수 있습니다. 우리 부모들은 이런 산만한 아이들에게 그들의 합리적이지 못한 목표를 바로잡아 주어 곁순 자르기를 해 줄 필요가 있습니다. 그리고 스스로 인생의 멀고 가까운 목표를 설정해 규모 있게 살아갈 수 있도록 도와줄 필요가 있습니다.

우리는 스스로 곁순 자르기를 하지 못하는 아이들이 의외로 많다는 점을 염두에 두고 세심한 관심을 기울일 필요가 있습니다. '우리 아이는 괜찮겠지. 우리 아이가 설마 그런 생각을 하려고' 하는 생각에 안이하게 대처했다가 나중에 크게 실망하게 되는 경우를 자주 보기 때문입니다.

물론 너무 심하게 간섭해서 오직 한길 외골수로 키우지는 말아야 합니다. 세상만사가 언제나 우리가 마음먹은 대로 되는 것은 아니기 때문입니다. 오직 한 가지만을 목표로 하다가 그게 좌절되면 그 아이는 너무나 실망이 커서 더는 성장하지 못하는 경우도 종종 있습니다. 그러므로 언제나 융통성 있는 사고를 갖도록 지도할 필요가 있습니다.

우리는 새로운 동기부여를 통해 우리 자녀들이 좌절하지 않도록 도와줄 수 있을 것입니다.

도시에만 가면
아이들이 공부를 잘할까?

요즘 세대만큼 자녀 교육에 극성스러운 부모들이 많았던 적은 없었을 것입니다. 심지어 젊은 부부가 자녀 교육 때문에 생이별을 하고 사는 경우도 허다합니다. 시골에 살던 부부가 도시와 시골로 나뉘어 살기도 하고, 어떤 부부는 하나는 우리나라에, 하나는 머나먼 외국에 살기도 합니다.

그런데 내가 시골에서 살면서 다섯 자녀를 키운 경험으로 보면 시골이 자녀 교육에 그렇게 나쁘지만은 않다고 자신 있게 말할 수 있습니다.

첫째로는 환경이 좋습니다. 우리 아이들은 그 흔하다는 아토피 때문에 그렇게 고생한 적이 없습니다. 어떤 분들은 자녀들이 아토피로 너무 괴로워하는 것을 보고 아주 시골로 이사를 하는 경우도 보았습니다. 도시 하수구의 메케한 냄새와 매연은 면역이 되지 않은 우리 같은 시골 사람에겐 정말 고역이 아닐 수 없습니다. 우리가 여행하듯 하루 이틀 사는 게 아닌 이상 환경을 생각하지 않을 수 없습니다. 서울에 사는 아이들 집에 며칠 가 있으면 탁한 공기 탓에 머리가 뻐근한 것이, 영 개운치가 않고 만사가 귀찮아집니다. 오염된 공기는 특히 자라는 어린아이들에게 많은 영향을 미칠 것이라 생각합니다. 담배가 아이들에게 더 해로운 것과 마찬가지로 오염된 공기는 아이들에게 더 해를 끼칠 것이라 생각되기 때문입니다.

다음으로 시골은 주거비와 물가가 싸기 때문에 같은 수입이라면 그만큼 생활에 여유가 있고, 자녀 교육에 관심을 더 가질 수 있습니다. 한평생 아파트 한 채 장만하려고 그 고생을 하는 것은 너무 큰 희생이 아닐까요?

자녀 교육을 '자식 농사'라고 합니다. 농작물을 돌보듯 정성껏 돌보아야 잡초에 잡히지 않고 잘 자랄 수 있습니다. 그런데 아이를 잘 돌보려면 부모가 그만큼 시간적 여유가 있어야 합니다. 먼 길을 출퇴근해야 하는 도시인들은 길에 버리는 시간도 많고 교통비도 많이 듭니다. 이 또한 낭비가 아닌가 생각합니다. 뿐만 아니라 새벽에 출근해서 저녁 늦게 퇴근하는 처지라면 관심을 갖고 아이를 돌볼 시간이 나지 않으니 농작물을 파종만 하고 돌보지 못하는 것과 다르지 않을 것입니다. 언제 자녀와 같이 대화하고 그들이 갖고 있는 고민을 들어주고 조언을 해 줄 수가 있겠습니까? 일이라는 것도 다 가족, 특히 자식들 잘 돌보려고 하는 일 아닙니까? 어린 자식은 누가 뭐라고 해도 부모의 영향을 가장 많이 받습니다. 그러나 이런 상황에서는 결국 부모 자신이 직접 자녀 교육에 참여하기가 점점 더 어려워집니다.

다음으로 생각해야 할 부분은 도시는 인구 밀집 지역이라는 사실입니다. 자연 도시에서는 자녀 교육도 지나치게 경쟁적이 될 수밖에 없습니다. 어린 모종을 너무 밀식하면 웃자라기만 할 뿐 허약해져서 결국 건강한 모종이 되지 못합니다. 이처럼 어릴 때 지나친 경쟁 속에서 자라는 아이는 무언가 더 소중한 것을 놓칠 수 있습니다. 오직 경쟁에만 매달리다 보면 남을 배려하는 마음이 생기지 않고, 그렇게 되면 나중에 공동사회의 일원으로 살기에 어려움을 겪지는 않을까 걱정이 듭니다.

마지막으로 사람은 자연에서 태어나서 자연에서 살다 결국은 자연으로 다시 돌아갑니다. 자연이 주는 메시지를 통해 우리는 지혜를 얻게 됩니다.

어릴 때부터 자연 속에서 자연이 주는 메시지를 받으며 살게 하는 것은 어린아이들로 하여금 그만큼 많은 지혜를 얻고 무한한 상상을 하며 살도록 도와주는 산 교육이 될 것입니다. 책이나 기타 자료를 통해 간접 경험만 갖게 하는 게 교육이 아니라는 말입니다. 직접 체험이 없으면 책을 통한 간접 체험도 그 이해가 떨어집니다. 할 수만 있다면 미리미리 자연 체험을 많이 해 두라는 말입니다. 이것들이 모두 나중에 책을 읽을 때 생생히 되살아나 생동감 있게 책의 내용을 이해하도록 도와줄 것이기 때문입니다.

예를 들어 보겠습니다. 책에서 "이 산딸기는 살구보다 더 달고 더 시다"고 설명하고 있습니다. 한 번도 살구를 먹어 보지 못한 아이라면 산딸기의 맛은 상상도 하지 못할 것입니다. 따라서 책의 내용을 제대로 느끼지 못할 것은 자명한 이치입니다.

그러나 시골에 살면 도시에서 볼 수 없는 다양한 자연을 쉽게 접할 수 있으니 책의 내용도 더 생생하게 읽고 기억하게 되지 않을까요? 시골에서 경험할 수 있는 것이 어찌 산딸기와 살구뿐이겠습니까? 이런 건 마트에도 있습니다. 그러나 도시에서는 도저히 경험할 수 없는 수천 가지 풀, 나무, 새, 꽃, 열매가 있습니다.

내가 이런 내용으로 강연을 했더니 나중 질문 시간에 어느 어머님이 손을 들어 "우리 아이들은 벌레들을 너무 싫어하기 때문에 시골에 보낼 수가 없었다"고 좀 엉뚱한 이야기를 했습니다. 정말 이상한 아주머니도 다 있다 싶었지만 가만히 생각해 보니 그도 그럴 것이, 도시의 벌레란 주로 바퀴벌레입니다. 하지만 시골에는 징그러운 바퀴벌레만 있는 것이 아닙니다. 우리들이 그 수를 상상하기 어려울

만큼 많은 벌레가 있을 뿐 아니라 아이들이 좋아하는 벌레도 얼마나 많은지 그 아주머니는 모르는 것 같았습니다.

예를 들면 사슴벌레는 아이들이 가장 좋아하는 벌레 중 하나입니다. 방아 찧는 벌레, 여름날 불을 켜고 다니는 반딧불이, 사마귀는 또 어떻고요. 사마귀가 벌레를 잡아먹는 모습을 들여다보면 신기하기까지 하답니다. 농사에 해로운 벌레를 잡아먹으니 내 눈에 더 그렇게 보이는지 모르겠습니다만, 무당벌레가 진딧물을 잡아먹는 것 하며 호박벌이 호박꽃에 들어가 꽃가루를 뒤집어쓰고 나오는 것을 보고 있으면 저절로 웃음이 나옵니다. 나비가 꽃에 앉아 꿀을 빠는 것도 가까이서 보면 정말 신기 그 자체입니다. 자벌레를 보신 적이 있나요? 그놈은 왜 기어갈 때 그냥 가지 않고 항상 땅에 자질을 하면서 가는지 모르겠네요. 길앞잡이라는 곤충은 꼭 내가 가는 길을 미리 알아 조금씩 안내를 하는 것 같습니다. 참 신기합니다.

자연 체험과 독서의 조화

이런 모든 것을 직접 제 눈으로 본 아이들과 책에서만 본 아이들이 책을 읽을 때의 느낌은 아주 다를 것입니다. 어린이 책은 대부분 이런 동식물들 이야기로 가득합니다. 이런 책을 읽을 때 누가 더 흥미를 갖고 읽게 될까요?

어릴 때부터 책에 흥미를 갖지 못하면 공부를 잘하기 어려운 것은 불을 보듯 환한 일이고, 어휘력은 점점 더 뒤처질 것이며, 대학에 가기도 어렵겠지만 설사 가더라도 전문 서적을 읽기가 벅찰 것입니다.

적어도 초등학교와 중학교까지는 시골에서 공부시키는 것이 나중에는 더 낫지 않을까 생각합니다. 물론 아이들을 시골에서 키울지라도 꼭 책을 읽게 해야 합니다.

나는 감히 말합니다. "연속극 천 번을 보는 것보다 한 권의 좋은 책을 읽는 것이 더 낫다"라고. 그만큼 문자로 기록된 책이 아이들에게 더 도움이 될 것이란 뜻입니다. 그러므로 자연 체험과 독서는 아이들 교육에 필수 과목입니다. 그리고 이 점에서는 어른도 마찬가지입니다. 앞에서도 이야기했듯이 저녁마다 연속극을 본다고 해서 지식인이 되지는 못합니다.

책을 즐겨 읽는 사람은 자신이 유능하게 될 뿐 아니라 이 사회의 지도자가 될 수 있는 소양을 갖게 될 것입니다. 아직 나는 저녁마다 연속극을 많이 봐서 지도자가 되었다는 사람은 보지 못했습니다. 반면에 학벌은 형편없지만 책을 많이 읽고 지도자가 되었다는 사람은 많이 보았습니다.

어릴 때부터 직접 자연을 통해 경험하고 배우며 책을 읽고 자란 아이와, 이것들을 말이나 그림 혹은 엄마의 장바구니 속에서만 체험한 아이들과의 차이는 모르긴 해도 엄청나게 커질 것입니다.

"그래도 공부는 도시 아이들이 잘하더라"고 할지 모르지만 대도시 아이들이 공부를 잘하는 것은 도시에다 공부 잘하는 아이들을 많이 모아 놓아 그렇지, 아이들을 도시에서 키우면 시골 아이들보다 공부를 잘하게 될 것이라는 기대는 조금은 잘못된 것이 아닌가 생각합니다.

우리의 어린 모종들이 밀식 탓에 웃자라는 것보다는 조금 더디게 자랄지라도 튼튼하게 잘 자라야 하지 않겠습니까? 아직도 시골 사람인 나의 생각은 '자녀 교육, 시골이 더 좋다'입니다. 하지만 시골에 내려가 살 형편이 못 되면 어쩌지요?

도시 아이는 농촌으로, 농촌 아이는 도시로

시골에 가서 살 형편이 못 된다면 도농 학습 프로그램을 활용해도 좋을 것입니다. 도시에 사는 아이들과 시골 아이들이 각각 한두 달 전학을 해 생활해 보는 것입니다. 도시 아이들은 농촌 학교에, 농촌 아이들은 도시 학교에 다니는 것입니다.

옛날 같으면 자연스럽게 시골 할아버지 할머니 댁으로 가 살아 볼 수도 있었지만 요즈음은 이런 일도 일부를 제외하고는 어렵기 때문에 이 프로그램이 인기가 있는 것 같습니다.

어릴 적 좋은 기억은 한 사람의 일생에 상당한 활력소가 됩니다. 이때의 체험은 우리가 상상하는 이상으로 창의적인 메시지를 주며, 학습뿐 아니라 일상생활을 해 나가는 데도 많은 지혜를 줍니다.

봄날에 시골 작은 분교를 다니며 그곳 아이들과 놀다 보면 자연스럽게 봄에 씨앗을 뿌리고 싹이 나는 농촌을 이해하게 될 것이고, 여름날에도 역시 벼가 자라는 것하며 논과 밭, 산에서 어떻게 우리의 먹거리가 자라는지를 알게 될 것이며, 가을 학기에 시골 체험을 했다면 수확의 기쁨도 직접 맛보게 될 것입니다.

그리고 하루 이틀이 아니라 한두 달 매일 들과 산을 걸어 보고, 그곳에서 자라는 동식물을 직접 만져 보고 냄새 맡아 보면서 느끼는 감동은 그림책이나 영상물을 보고 느끼는 감동과는 비교할 수 없는 경험이 될 것입니다.

반대로 농어촌 아이들이 도시에서 하는 경험도 이에 못지않을 것입니다. 도시 생활을 통해 복잡한 이웃이 어떻게 질서와 조화를 이루고 사는지를 배우게 될 것입니다. 높은 빌딩은 어떻게 지어지며 지하철은 어떻게 만들어지는지를 눈으로 보고, 도시의 다양한 문화시설을 체험하는 것도 좋은 경험이 될 것입니다. 이것이 다 사람 사는 방법을 알아 가는 공부가 아니겠는지요?

상처 입은 풀잎은
이슬을 맺지 않는다

5월 하순은 우리 농부들에겐 언제나 기대가 많은 때입니다. 4월 하순경에 본밭에 심은 토마토가 활착이 되고 보기 좋게 자라는 시기이기 때문입니다.

어느 날 토마토 밭에 나가 보았습니다. 마침 날씨도 맑고, 포기마다 아침 이슬이 맺힌 토마토가 참 보기 좋았습니다. 고랑고랑을 다니면서 농작물을 살피는 것은 농부에겐 더없는 즐거움입니다.

그런데 한참 토마토를 살피다가 보니 이상하게도 전혀 이슬이 맺히지 않은 포기가 있었습니다.

'이게 웬일일까?'

그러나 그냥 지나갔습니다.

다시 몇 발자국을 옮기자 똑같이 이슬이 맺히지 않은 포기가 보였습니다. 몇 발자국을 더 옮기자 또 이슬이 맺히지 않은 포기가 보였습니다. 그제서야 고개를 들고 이 고랑 저 고랑을 유심히 살펴보았습니다.

아니나 다를까. 이슬이 맺히지 않은 포기가 한두 포기가 아니란 사실을 알게 되었습니다. 그래서 한 포기 한 포기 그 원인을 찾아보았습니다.

그런데 약간 시든 것 같은 느낌 외에 그 원인을 쉽게 알 수가 없었습니다. 그렇게 한참을 살피다 보니 그 포기들은 하나같이 어제 곁순을 따 준 포기라는 것을 알게 되었습니다. 그 포기 아래마다 어제 딴 곁순이 그대로 있었기 때문입니다.

'아, 그렇구나! 어제 곁순을 따 주었기 때문이겠구나. 많이도 아팠겠다. 그곳에 상처가 나고 피 같은 진액도 흘렸겠지. 그 때문에 약간씩 시들기도 하고, 그래서 아침에 이슬을 맺지 못했구나. 얼마나 아팠으면 이렇게 이슬도 맺지 못했을까?'

생각이 여기까지 미치니 약간 짠했습니다. 별스럽게도…….

그러다 그 일도 까맣게 잊고 있을 무렵, 골짜기마다 풀이 우거지고 나무에 물이 오를 대로 오른 6월의 어느 날이었습니다.

송아지가 딸린 어미 소를 몰며 골짜기 밭을 지나가는데, 갑자기 어미 소가 뛰기 시작했습니다. 그 순간 나는 잡고 있던 고삐를 놓치고 말았습니다.

　소는 넓은 밭을 지날 때면 달리고 싶은 본능을 억제하지 못합니다. 잘 따라오던 새끼 송아지도 이내 어미 소를 따라 내달리기 시작했습니다.

　마침 그 밭이 묵혀 둔 밭이었기에 망정이지, 곡식을 심어 놓은 밭이었다면 나는 무척이나 당황했을 것입니다.

　나는 침착하게 "워 워" 하며 흥분한 소를 달랬습니다. 한참을 내달리던 소가 멈추어 섰습니다. 나는 다시 고삐를 잡고 집으로 왔습니다.

　이튿날, 그날도 날씨는 맑았고 이슬이 풀포기마다 대롱대롱 맺힌 쾌청한 아침이었습니다. 그런데 이게 웬일일까요? 달포 전 우리 토마토 밭에서 본 토마토처럼 어떤 풀포기에는 전혀 이슬이 맺혀 있지 않았습니다. 그런데 이번에도 가만히 보니 이슬이 맺히지 않은 풀포기는 하나같이 찢어지고 넘어지고 꺾여지고 한 것들이었습니다. 바로 전날 우리 소들이 내달리는 바람에 상처를 입은 포기들이었습니다.

　'아, 그렇구나. 상처를 입은 풀잎도 이슬을 맺지 못하는 건 마찬가지구나.'

　나는 그제서야 분명히 이 사실을 알게 되었습니다.

골짜기를 돌아 나오는데 어찌 된 일인지 옛 친구들의 면면이 떠올랐습니다. 그들 모두에게서 하나같이 아침 이슬 같은 맑은 모습은 찾아볼 수 없었다는 생각이 들었습니다. 이 풀포기처럼 많은 상처를 입고 자란 친구들이었습니다.

당시는 미운 생각뿐이었지만 지나고 보니 그들은 그들 나름대로 얼마나 힘들었을까, 얼마나 상처를 입었으면 그랬을까 하는 생각을 하게 되었습니다. 그중에는 이미 고인이 된 친구도 있습니다. 그때 좀 더 잘해 줄 걸……. 미워만 하지 말고.

내 아이들도 생각났습니다.

교육이란 이름으로 얼마나 모진 말을 했을까? 그래서 내 말에 상처를 입고 오직 '공부 공부' 하며 힘들게 살지는 않았을까? 하지만 이제 와서 어쩌겠는가? 이제는 내 손주들에게나 잘해야지. 제 애미 애비가 아직 초보 엄마 아빠라 잘 모르고 모진 말을 해 상처를 입는다면 이를 싸매 주고 달래 주는 할애비가 되어야지…….

'상처 입은 풀잎은 이슬을 맺지 않는다.'

오늘 내게 다가온 화두였습니다.

인생은 과연 마라톤일까?

나도 한때 '인생은 마라톤이다'라고 생각한 적이 있었습니다. 이 말도 한편으로 옳은 말입니다. 하지만 언제부터인가 나는 '인생은 마라톤이 아니라 단거리 경주'라고 생각하게 되었습니다. 나이가 들면서 그 생각은 더욱 굳어져 갔습니다.

6·25 피난길에 할머니 등에 업혀 가던 때가 어제 같고, 취학 전 학교에 가는 게 무서워 학교 가기 싫다고 떼를 쓰던 때가 어제 같고, 고등학교를 중퇴하고 방황하던 때가 어제 같고, 맏이가 대학을 졸업한 때가 어제 같은데 그 아이가 벌써 40을 넘겼으니, 인생이란 게 100미터 경주와 같다고 생각하지 않을 수 있겠습니까?

좀 엉뚱한 생각 같지만 이렇게 짧은 인생에 좋은 코치인 부모를 둔 아이와 그렇지 못한 아이는 어떤 차이가 있을까요? 훌륭한 코치인 부모를 가진 아이는 그렇지 못한 아이들보다 이 100미터 경주에서 50미터쯤 앞서서 출발하는 것과 같다고 한다면 너무 지나친 비유라 생각되시는지요?

그만큼 부모의 역할이 중요하다는 말입니다. 오죽하면 공놀이에 불과한 축구를 하는 데도 큰돈을 들여 외국에서 코치(감독)를 모셔 왔을라고요.

저는 악보를 읽을 줄 모르는 문맹자입니다

시골에는 아직도 글을 읽지도 쓰지도 못하시는 어르신들이 많습니다. 그분들은 하나같이 배우지 못하고 산 지난 세월을 한탄합니다. 그런 어르신들보다는 그래도 나는 좀 더 나은 시대에 태어나서 이렇게 글을 읽고 쓸 수 있어서 얼마나 다행스러운지 모릅니다.

그런데 누가 소리를 부호로 만들 생각을 했을까요? 그것도 이렇게 편리하게 만들 수 있었을까요? 어떻게 소리 중에 모음과 자음이 있다는 것을 알아 그것을 체계적 부호로 표기할 생각을 했을까요? 우리 같은 사람들은 도저히 상상도 할 수 없는 일을 하신 이런 분들은 아마 우리와 차원이 아주 다른 사람은 아닐까 하는 생각이 들기도 합니다. 그분들이 문자를 만들지 않았으면 우리는 지금도 아프리카의 문자 없는 미개한 사람들처럼 살고 있지는 않을까요? 우리 글자가 만들어지지 않았다면 우리는 틀림없이 지금도 미개한 채로 살고 있거나 아니면 다른 문명한 나라에 흡수되어 살고 있을 것입니다.

우리의 생각을 저축해 후대에 물려줄 수 있는 도구로 글자만큼 편리한 것은 없는 것 같습니다. 그런데 글이 이렇게 말을 부호로 만들어 저축할 수 있는 것과 같이 우리의 감정을 전해 줄 수 있는 게 또 있습니다. 그게 바로 소리의 높고 낮음과 길고 짧음을 표기한 악보입니다. 오선과 그 위에 그린 음표에 담아 다른 사람에게 전할 수 있도록 고안된 악보 역시 여간 신기한 게 아닙니다. 어떻게 음의 높낮이를 알아 그것을 오선에 표기하고 그 길이의 짧고 긴 것을 음표라는 걸 만들어 담아낼 생각을 할 수가 있었는지, 가만히 생각해 보면 이것 역시 신기한 일이 아닐 수 없습니다.

이렇게 글과 악보의 역할이란 게 신기한 것인데도 아직도 나는 악보를 읽을 줄 모르고 있으니, 글을 모르는 사람처럼 나는 또 한 명의 문맹자(?)입니다. 이 역시 너무나 아쉬운 일이 아닐 수 없습니다. 내가 만약 악보를 읽을 줄 알고 악기 하나쯤 다룰 줄 알았다면 아마 내 지난 일생은 지금보다 더 풍요롭지 않았을까 생각하니 후회가 많이 남습니다.

나도 중고등학교 시절 악대부(樂隊部)에 들어갔으면 아마 악보도 읽고 악기 하나쯤은 다룰 수 있는 사람이 되었을 것입니다. 피아노 의자에 단정하게 앉아 건반을 두드리는 나, 한여름 시원한 당수나무 아래서 기타를 치는 멋있는 아저씨, 달 밝은 밤 호숫가에서 색소폰을 멋지게 부는 할아버지, 그 모습을 상상만 해도 너무 멋지지 않습니까? 이제 와서 아쉬워하는 것도 어쩌면 이를 미리 알고 길을 안내해 줄 안목 있는 코치가 내게는 없었기 때문이 아닌가 생각합니다.

공부란 다 때가 있는 법입니다. 때를 놓치면 언제나 후회만 남을 뿐입니다. 우리 자녀에게 이제 글자 읽는 법을 다 배우게 했다면 어릴 때부터 악보를 읽고 악기를 하나 정도 다룰 수 있도록 가르쳐 보시면 어떨까요?

이제 나이 70 가까이 인생을 살아 보니 그게 자꾸 아쉬워서 한 번 해 본 소리입니다. 너무 가볍게 듣지 마셨으면 합니다.

사람도
쌍떡잎식물이다

쌍떡잎식물이 외떡잎으로 자라는 경우가 종종 있습니다. 원래 씨앗이 좋지 않아 처음부터 기형으로 싹이 나서 그렇게 되는 수도 있고, 올라오자마자 바로 벌레가 먹어 버려 그렇게 되는 경우도 있습니다. 이럴 경우 그 식물은 아주 약하고 더디게 자랍니다. 그래서 수박의 경우 외떡잎이 된 모종은 접 붙일 때 사용하지 않고 다 버립니다. 잘 접목이 된 후에 한 잎이 떨어져 나가 외떡잎 수박이 되는 경우도 있습니다. 이런 모종을 본밭에 내다 심을 때도 있기는 하지만, 모종이 아주 귀할 때가 아니면 그렇게 하지 않습니다. 이 경우도 성장이 매우 더디고 열매 또한 부실하기 때문입니다.

농사를 잘 알지 못하는 사람은 '떡잎 하나가 뭐 그리 중요할까?'

하며 대수롭지 않게 여길지도 모릅니다. 하지만 어린 식물에게 싱싱한 떡잎 하나는 같은 크기의 본잎 이상의 탄소동화작용을 한다고 합니다. 이뿐 아니라 떡잎은 본잎이 나고 뿌리가 완전히 활착을 할 때까지 영양 창고의 역할을 합니다. 쌍떡잎식물이 제대로 활착을 하기 전에 두 개의 떡잎이 다 떨어지는 경우 대부분 그대로 고사하고 맙니다.

그런데 사람도 어떤 의미에서는 쌍떡잎식물이라고 말할 수 있습니다. 사람은 부모, 곧 아버지 어머니 양 떡잎 사이에서 태어납니다. 이 양 떡잎은 한 어린 생명이 땅에서 잘 활착을 하고 자라날 수 있도록 도와줍니다. 이 떡잎들은 식물의 경우와 같이 아이가 성인이 될 때까지 든든한 자양분이 됩니다.

불행하게도 식물과 마찬가지로 사람에게도 이런저런 이유로 한쪽 떡잎이 떨어져 나가는 경우가 있습니다. 바로 나의 경우가 그랬습니다. 내가 초등학교 다닐 때 가장 싫은 시간은 담임 선생님이 우리 집 환경을 물을 때였습니다. 질문란에 하나하나 체크를 하고 기록하는 곳도 있었던 것으로 기억하는데, 집은 초가집인가 기와집인가 양철집인가, 자기 집인가 남의 집인가 등등입니다. 그리고 부모가 있느냐, 아버지는 돌아가셨느냐 등을 묻기도 했습니다.

한번은 어느 여선생님이 나에게 "아버지는 왜 돌아가셨지?" 하고 물으셨습니다. 나는 대답을 하지 못했습니다. 하늘을 쳐다보며 눈만 깜박이고 있었습니다. 눈물이 내 뺨으로 떨어지지 않게 하기 위해서 였습니다.

내게 떨어진 한 떡잎은 이렇게 내내 한이요 눈물이었습니다. 그리고 나이가 들수록 그 설움과 아픔을 더 뼛속 깊이 느끼며 살아왔습니다.

하지만 이렇게 중요한 떡잎도 본잎이 잘 자라고 뿌리가 활착을 하고 나면 저절로 떨어지거나 아주 보잘것없는 모습으로 줄기에 붙어 있습니다. 이때쯤 되면 그간 떡잎이 얼마나 중요한 역할을 했는지 농부도 자식도 모두 다 잊어버리기 쉽습니다. 그러나 우리는 떡잎으로서의 부모의 역할만은 결코 잊지 말아야겠습니다.

모두 좋은 부모 되시길 바랍니다.

6

새들이 알을 품을 때 씨앗을 뿌려라

살며 사랑하며

새들이 알을 품을 때
씨앗을 뿌려라

우리 동네는 언제부터인가 봄 콩을 심습니다. 그런데 이렇게 콩을 봄날에 심다 보니 여름 파종 때와 달리 한 가지 문제가 생겼습니다. 바로 콩밭에 달려드는 새들 때문입니다. 파종기에는 밭에 늘 새들이 날아오기 마련이지만 봄 새는 좀 더 극성스럽습니다.

그래서 우리 동네는 이때가 제일 시끄럽습니다. 집집마다 새를 쫓는다고 양철통이나 대야 두들기는 소리로 골짜기가 온통 시끄럽습니다. 새를 쫓아내는 사람들은 주로 이 산골을 지키는 할머니 할아버지들입니다. 이 어른들은 이때 한(?)을 푸시는 것 같습니다. 요사이 어른들은 옛날과 달리 큰소리치며 살지 못하는데, 이때만은 마음 놓고 무엇이나 두들기며 큰소리를 칠 수 있기 때문입니다.

이렇게 며칠간 동네가 떠들썩하다 보면 콩이 나고, 콩에서 본잎이 하나둘 나기 시작하면 새들의 콩밭 방문도 뜸해집니다.

그런데 농사짓는 데도 고수는 있습니다. 다른 사람들이 몇 날 며칠 새를 쫓는다고 야단을 칠 때에도 느긋하게 게으름을 피우다가 새들이 알을 품을 시기를 기다려 파종을 하는, 그야말로 고수 농군입니다. 봄날 새소리로 떠들썩하던 골짜기가 갑자기 조용해지고 새들이 보이지 않을 때가 있습니다. 이때는 대부분 새들이 보금자리에서 알을 품고 있는 것입니다. 고수 농군은 바로 이때 콩 씨를 뿌립니다.

그런데 꼭 반대인 경우도 있습니다. 이런 호기를 다 놓치고 새들이 그 새끼를 몰고 나올 즈음에 콩을 파종하는 사람이 바로 그런 사람입니다. 이런 사람은 보통 한두 번 보식하는 아주 번거로운 수고를 해야 함은 물론, 그 때문에 양동이 두드리는 시끄러운 소리가 더욱 길어지는 것입니다.

이때 농부들과 새들과의 전쟁이 본격적으로 시작됩니다. 새들에게 치명적인 농약이 등장하는 것도 바로 약이 오를 대로 오른 이 미련한 농부의 짓입니다. 콩밭에 농약을 놓으면 새들은 금방 몰살합니다. 아침나절에 여기저기 죽어나는 새들을 보는 것은 정말 끔찍합니다. 이런 사람은 진정한 의미의 농부가 아닙니다. 조금만 주의를 기울이면 얼마든지 새들과 친하게 농사를 짓는 방법도 있는데 말입니다. 그리고 새들을 살려 놓아야 벌레를 잡아 줄 것이 아닌가요?

콩알은 산골에 부는 바람 소리와 바로 이 새들의 노랫소리를 듣고 영글어 간다는 비밀을 이런 농부가 알 턱이 없습니다.

이처럼 농사일이든 자녀 교육이든 매사 때를 놓치지 말아야 합니다. 때를 놓치면 그만큼 어려워지니 말입니다.

고향을
담아 오시다

　　며칠 동안 걱정을 많이 했습니다. '내가 시골로 내려가야 하나, 시골에 홀로 계시는 어머님을 서울에 올라오시게 하나……. 내가 내려가면 아이들이 또 줄줄이 내려갈 것이고, 이건 또 얼마나 번거로운 일인가? 어머님 한 사람만 서울로 올라오시면 참 간단한데…….' 그런데 그게 쉽지 않은 게, 워낙 고령이신 데다 원래부터 어디 다니지를 않으신 분이라 더 그러했습니다.

　그래서 궁리를 해낸 게 고향에 계신 친척 한 사람에게 포항까지 60리 길을 택시로 동행하고 기차표를 끊어 자리에 모셔 드리도록 부탁했습니다. 그렇게 하고도 또 걱정이 되는 것은 서울로 오는 도중 대구나 대전에 내려 버리면 어쩌나 하는 것이었습니다. 이렇게 걱정을 하다 보니 끝이 없었습니다. 그럴 바에야 직접 내려가 모시고 올라오는 게 낫겠다 싶기도 했습니다. 이런저런 걱정 끝에 서울로 모셔 오는 작전(?)을 그대로 실행하기로 했습니다.

기차가 도착하는 시간은 오후 1시 20분. 좀 서두르다 보니 12시 20분에 서울역에 도착했습니다. 역에 도착하자 바로 휠체어를 신청하고 한 시간을 꼬박 기다렸습니다.

아직 귀향 기간이 아니어서 그런지 그렇게 복잡하지는 않았지만, 대신 노숙자들이 자리를 다 차지해 버려서 한 시간 내내 서서 기다릴 수밖에 없었습니다.

안내 전광판을 보니 도착 시간이 다 됐습니다. 나는 휠체어를 앞세워 가는 공익근무요원을 따라 기차가 서는 곳으로 나갔습니다. 곧 포항발 기차가 도착했습니다. 나는 창문을 통해 어머님이 어디에 앉아 계시는지 살펴보았습니다. 그때 바로 어머님이 제일 먼저 차에서 내리셨습니다.

걸음도 편하지 않으신 분이 어떻게 맨 앞에 내리실 수가 있는지 그것도 신기한데, 어머님 손에는 작은 가방 하나와 검은 비닐봉지 하나가 들려 있었습니다. 받아 보니 봉지 안에는 김밥이, 가방에는 물병이 들어 있었습니다. 왜 이 무거운 것을 여기까지 들고 오셨느냐고 하니, 그것들을 먹을 새가 없으셨다고 합니다. 참 기가 막히는 게, 포항에서 서울까지 내리 다섯 시간을 넘게 오시면서 그걸 먹을 시간이 없었다느니, 점심을 사서 준 친척분의 성의도 없이…….

　어머님은 또 뒤따라 내리는 젊은이에게서 흰 스티로폼 상자를 받으라십니다. 얼떨결에 그걸 받긴 했지만 (고맙다는 인사는 착실히 했습니다) "왜 이런 걸 들고 다니시느냐"는 말이 먼저 튀어나왔습니다.

　택시를 타고 집에 도착해서는 제일 먼저 스티로폼 상자부터 열어 보았습니다. 궁금했기 때문입니다. 하지만 나의 기대와는 달리 상자 안에는 아주까리 말린 잎, 풋 청양 고추 한 봉지, 삶은 초피나무 잎 두 뭉치, 고구마 몇 개 그리고 아직도 생기가 그대로 있는 생미역 조금이 전부였습니다.

　좀 실망을 했다고나 할까요? 왜 이런 하찮은 걸 그 불편한 몸으로 들고 오시는가 싶었습니다. 그런데 초고추장을 만들어 미역을 찍어 먹고, 청양 고추를 넣은 된장에 저녁밥을 먹으며 생각하니 어머님은 그 스티로폼 상자에 내 고향을 담아 오신 것이었습니다.

　산 조금, 바다 조금, 텃밭 조금.

　가슴이 짠해 왔습니다.

　아직도 나는 효성스러운 아들과는 거리가 먼 것 같습니다.

우리 아이들에게
자긍심을 심어 주자

오래전 처음으로 창경궁을 찾았을 때입니다. 옆에 있던 관광객 중 한 사람이 창경궁의 왕좌와 대전(大殿)을 가리키며 "이건 중국의 자금성에 비하면 화장실 정도도 안 되는 규모"라고 말했습니다. 그때만 해도 중국 관광이 그렇게 쉽지 않았던 때라 누가 자신의 중국 관광을 자랑삼아 말하는구나 하는 생각이 들었습니다.

이번에 유럽 여행을 하면서 파리에서도 이와 유사한 경험을 했습니다. 우리 일행이 베르사유 궁전을 구경하고 있을 때입니다. 우리를 안내한 가이드의 설명이 아니더라도 그 규모와 화려함에서 베르사유 궁전은 정말 굉장하다는 생각이 들었습니다. 중국의 자금성을 봤을 때도 그 규모 면에서 비슷한 느낌이 들긴 했지만, 베르사유 궁전은 석조 건물인데도 어떻게 이 정도의 규모와 화려함을 동시에 실현할 수가 있었는지 도저히 상상이 가지 않을 정도였습니다.

그런데 나는 현지 가이드의 계속되는 찬사에 그만 기분이 상하고 말았습니다. 가이드의 말은 한마디로 "이런 문화유산을 남길 수 있었던 프랑스인은 정말 대단한 민족이다"라는 것이었습니다. 그래서 참다 참다 상당수 관광객들이 화장실에 가고 없는 사이에 그 가이드에게 나직이 한마디 하고 말았습니다.

"한 나라의 역사는 관점에 따라 상당히 다르게 해석이 될 수가 있습니다. 자국의 입장에서 보면 위대하게 보일지 모르나, 다른 시각에서 보면 이 베르사유 궁전도 아주 부도덕하고 수치스러운 유산으로 보일 수 있습니다. 자신을 '태양왕'이라 신격화하며 폭정을 한 루이 14세가 이 궁전을 지었다고 하는데, 그 당시 프랑스 국민과 식민지 국민들의 노예적 희생이 없었다면 이 궁전의 건축은 불가능했을 것이라는 해석도 있습니다."

나의 이런 갑작스러운 반격(?)에 가이드는 무척 당황하는 것 같았습니다. 하지만 한 민족을 그 나라 유적의 규모나 관광객들의 입에 오르내리는 유물만으로 '위대하다' 혹은 '불품없다'고 판단하기는 어렵다는 것을 꼭 말하고 싶었습니다.

'우리는 중국의 만리장성 같은 거대 유적이 없다고 해서 저능한 민족인가? 우리는 스핑크스나 베르사유 궁전이나 밀라노의 두오모

같은 거대 성당이 없다고 해서 누가 우리를 볼품없는 민족이라 해도 할 말이 없는가?'

하지만 우리는 이들과는 다른 생각을 가진 민족이었습니다.

대원군이 경복궁을 재건하려고 했을 때 많은 이 나라의 유생들은 대원군과 맞섰습닙니다. 그들이 이렇게 한 것은 "이 어려운 시기에 궁전을 재건한다는 것은 백성들의 고혈을 빠는 일로, 성군이 할 일이 아니다"라고 생각했기 때문입니다.

이처럼 우리는 백성들의 노고를 생각하며 세운, 그렇게 크지 않은 아담한 궁전이 있는 나라입니다. 우리는 어마어마한 유적이나 이렇다 할 거대한 건축물이 없는 나라입니다. 하지만 남의 나라를 쳐들어 간 위대한(?) 전쟁 영웅 나폴레옹 같은 장군은 없을지라도, 자국 수호를 위해 목숨을 내던진 이순신 같은 장군이 있는 나라입니다. 그리고 인류의 위대한 문화유산인 한글을 창제하신 세종대왕 같은 임금이 있는 나라입니다.

광화문 앞 두 동상을 보고 새삼 생각이 났습니다. 이웃 나라에 죄스럽지 않은 문화유산을 가진 나라가 진정 행복한 나라입니다.

무엇이 세계사 속에서 진정 인류를 위한 위대한 유산일까?

다시 생각해 보았습니다.

유식한 사람보다
지혜로운 사람이 되어야

아내는 나에게 아주 불만이 많습니다. 첫째로 '운동을 잘 하려고 하지 않는다', 다음으로 '여자를 배려할 줄 모른다', '집안 잔손질을 잘 하지 않는다' 등등입니다. 그런데 이런 아내에게 내가 한 가지 칭찬을 듣는 게 있습니다. '음식 타박을 하지 않는다'는 것입니다. 아이들에게도 종종 이 말을 하는 것으로 보아 그냥 입에 발린 말은 아닌 것 같습니다.

아내로부터 그 말을 듣기 전에는 저 자신이 음식 타박을 잘 하지 않는 '좋은 사람(?)'이라고 생각하지 못했습니다. 만약 그런 사실을 일찍감치 알았다면 아내가 나를 이런저런 일로 타박할 때마다 "나도 좋은 점이 많은 사람이니 너무 심하게 구박하지 말라"고 했을 것입니다.

  그런데 나는 미처 이런 자신의 장점을 알지 못했습니다. 이는 나의 좋은(?) 성격 때문은 아닌 것 같습니다. 그대로 말하면 아내가 해 준 음식이 내 입에 잘 맞았기 때문입니다. 아내가 알면 저에 대한 유일한(?) 칭찬거리마저 거두어 버릴까 걱정이 되지만 아무래도 이는 사실인 것 같습니다.

  나는 담배를 피우지 않기 때문에 우리 세대의 다른 아버지들보다는 미각이 무디어지지 않았고, 어느 음식점의 맛이 어떻다는 등의 촌평을 잘하는 편이며, 인공 조미료 맛은 누구보다도 잘 알아 조미료를 많이 첨가한 음식물은 입에 잘 대지 않는 편입니다.

  먼저 아내가 해 준 음식이 내 입에 잘 맞는 이유를 대라면 첫째로 간을 잘 맞추기 때문입니다. 다음으로 각 음식마다 궁합이 맞는 식재료와 양념과 그 비율을 잘 알고 조리하기 때문일 것입니다. 그리고 같은 밥이라도 뜸을 들이는 시간하며 그 밥을 보온밥통에 적당한 때에 보슬보슬하게 퍼 두는 것하며 만든 반찬들을 제때에 (식기 전에) 차려 내는 센스 때문이 아닌가 생각합니다.

  그리고 손님이 올 때는 언제나 반찬 그릇을 음식에 맞게 크기와 색상을 골라 차려 내어 음식을 더욱 고급스럽게 하니, 이 또한 기분 좋은 일이 아닐 수 없습니다. 아무튼 음식 재료가 많다고 입에 맞는 음식이 절로 되는 게 아니라는 말입니다.

이것저것 지식을 쌓는 일은 끝이 없습니다. 그러나 좀 더 지혜로운 사람이 될 수는 있을 것입니다.

내 마음을 녹여 준
여학생의 한마디

그간 서울에 오면 보통 구기동 뒷길로 해서 북한산에 올랐었는데, 그게 좀 심심해서 오늘은 도봉산 산행을 해 볼 욕심으로 오후에 출근하는 셋째 차를 얻어 타고 혜화동에서 내려 다시 버스를 타고 도봉산에 올랐습니다.

처음 시작할 때는 조금만 오르다 내려오려고 작정을 했지만, 멀리서 바라만 보던 도봉산 신선대와 자운봉의 자태에 반해 자꾸 올라가다 보니 그만 우이암 정상까지 가고 말았습니다. 산 아래에서 점심을 먹은 시간이 2시쯤 되었는데, 정상에 도착한 시간이 4시가 훨씬 지났으니 2시간도 더 걸린 것 같습니다.

처음에는 날씨도 차고 해서 별로 더운 줄 몰랐습니다. 하지만 금방 온몸이 땀으로 범벅이 되고 말았습니다. 저 멀리 가을 경치를 놓칠 수 없어 핸드폰으로 사진도 몇 장 찍고 하다 보니 금방 시간이 지나간 것 같습니다. 정상에서 이곳저곳을 둘러보다 어떤 사람에게 하산길을 물으니, 좀 시간이 걸릴 터이니 서둘러야 할 것이라고 하면서 내가 나이든 사람인 걸 알아보고 조심하라고 친절히 알려 주었습니다.

하산길은 한 번도 가 보지 않았던 방학동 쪽을 택했더니 도봉산역에서 올라가는 길보다 훨씬 더 험했습니다. 게다가 등산화가 아닌 그냥 운동화를 신었기 때문에 바위 타기가 상당히 미끄러웠습니다. 저녁이 되니 머리까지 횅한 것이 어지러운 기가 돌았습니다. 산 아래로 내려올수록 날은 점점 어두워졌습니다. 다행히 내려오는 중간중간에 산림 경비원 같은 사람이 한두 명 보였기 때문에 그렇게 무섭지는 않았습니다. 드디어 불빛이 보이더니 동네가 나타났습니다. 땀이 완전히 말라서인지 그때서야 조금 한기가 느껴졌습니다.

그런데 처음 가 본 동네라 어디에 버스 정류소가 있는지 도무지 알 수가 없었습니다. 한참을 두리번거리다 할 수 없이 지나가는 한 여학생에게 길을 물어보았습니다. 그런데 중학교 2, 3학년 정도인 그 학생은 나를 보자 바로 "등산을 갔다 오시는 거예요? 오늘 산에서 춥지 않았어요?" 하며 자기가 그쪽으로 가니 따라오라고 했습니다.

'아이고, 이렇게 친절한 학생을 보았나?'

조금 떨고 있던 나는 그 말 한마디에 온몸이 포근히 녹는 것 같았습니다. 그 어린 학생을 다시 쳐다보았습니다. 날이 약간 어두웠기 때문에 잘 알아볼 수는 없었습니다. 조금 길을 걷는 사이 어떻게나 귀엽고 예의 바르게 말을 건네는지…….

아이들은 핸드폰에 대해서도 잘 알 것 같아, 걸어가면서 내 핸드폰을 내보이며 아까 산에서부터 잠겨 있다는 사인이 뜨고 전화도 할 수 없었다는 사연을 이야기했습니다.

역시 내 짐작은 그대로 맞았습니다. "원인은 알 수 없지만 가끔 이런 일이 일어나요" 하더니 "이건 핸드폰 안에 내장된 칩을 뺐다 다시 꽂으면 돼요" 하며 바로 고쳐 주었습니다.

내겐 모두 신통한 일이었습니다. 나는 집에서 걱정을 할 것 같아 먼저 셋째에게 전화를 걸었습니다. 그렇지 않아도 전화가 되지 않아서 걱정을 했다고 했습니다. 조금 지나니 집사람한테서 전화가 걸려 왔습니다. 그리고 보니 전화가 걸리지 않은 시간이 꽤 된 것 같았습니다.

드디어 정류장에 도착했습니다. 그 여학생과는 손을 흔들어 작별을 했습니다. 버스를 타고 오는 내내 그 학생 생각이 났습니다.

남을 먼저 염려하는 저런 고운 마음씨를 가진 아이들이 이 서울 땅에 자라고 있다는 게 얼마나 고맙고 다행한 일인지요. 낯선 사람이 길을 물으면 먼저 경계를 하는 게 보통인데, 경계심보다 먼저 남을 염려하는 마음을 갖다니.

참 신기하기도 했습니다. 우선 가정교육을 잘 받았을 것이라는 생각이 들었습니다. 좋은 부모의 본이 없었더라면 어디서 저런 고운 마음씨가 피어날까?

한참 후 버스에서 내려 우리 아파트 현관문으로 들어서자 그제서야 오늘 서울의 삼각산 단풍은 산등성이보다 아래 기슭이 더 곱게 피어 있었다는 생각이 났습니다.

이상한(?) 할머니의 따뜻한 가르침

경로석에 앉아 보면 마주하는 사람은 언제나 노인들뿐입니다. 그날도 내 앞에 복스럽게 생긴 할머니 한 분이 앉아 계셨습니다. 나이는 나보다 조금 많을까 적을까 하는 정도였습니다.

이때 두 아이가 할머니 옆에서 장난을 치고 있었습니다. 나는 처음부터 그 아이들이 눈에 거슬렸습니다. 마음 같아서는 고함이라도 치고 싶었지만 억지로 참고 있는데, 아이들은 이제 그냥 장난으로는 성에 차지 않는지 문에다 침까지 뱉고 있었습니다. 옆에 있는 사람들도 모두 얼굴을 찡그리고 있었습니다.

나는 "이놈아, 거기다 침을 뱉으면 어떻게 해!" 하는 소리가 목구멍까지 차올랐습니다.

막 고함을 치려는 순간 그 할머니가 손가방에서 화장지 같은 것을 꺼내면서 하시는 말씀이 "침을 그렇게도 뱉고 싶어? 여기다 뱉고, 이 종이로 문에 묻은 침도 닦아라" 하시는 것이었습니다. 그것도 귀여운 당신의 친손자를 대하듯……. 나는 그만 깜짝 놀랐습니다. 어떻게 이런 광경을 보고 그렇게 인자하게 말씀하실 수 있을까? 이건 절대로 보통 사람이 할 수 있는 말이 아니란 생각이 들었습니다.

아이들은 할머니가 주신 화장지로 아직도 문에 질질 흘러내리는 침을 닦아 내고 더 이상 장난도 치지 않았습니다. 그러고는 멋쩍었는지 곧 다른 칸으로 갔습니다.

'정말 이상(?)하신 할머니!' 내겐 그렇게 보였습니다. 다시 보아지고 또 보아졌습니다. 방금 전과는 또 달라 보였습니다. 나는 정말 어른이 되려면 아직 한참 멀었다는 생각이 들었습니다. 어제도 식당에서 장난만 치는 손주들에게 눈만 부라렸지, 다른 생각은 조금도 하지 못했으니.

'손주들에게 나는 나중에 어떤 할아버지로 기억될까?'

아무래도 나는 아직도 할아버지 자격이 없나 봅니다.

할머니, 건강하시고 부디 오래오래 사세요.

바보 노루를 보며
나를 돌아보다

우리 동네는 산촌이다 보니 도회지에서는 생각할 수 없는 일이 가끔 일어납니다.

어느 날, 그날은 토마토 하우스에 늦게 나갔습니다. 그런데 멀리서 바라보니 하우스 앞에 동네 사람들이 여러 명 모여 있는데 모두가 웃는 얼굴에 조금 시끌시끌했습니다. 나는 '오늘 무슨 좋은 일이라도 있나 보다. 아니면 내가 늦게 밭에 나온다고 모두 내 흉을 보고 있나 보다' 생각하며 발걸음을 재촉했습니다.

농장 비닐하우스 가까이 가니 동네 사람들이 왜 빨리 오지 않았느냐고 한마디씩 하며 크게 웃었습니다. 아내는 "당신이 조금만 빨리 왔어도 오늘 동네잔치를 할 뻔했다"고 큰 소리로 말했습니다. 나는 눈을 치뜨며 "무슨 일인데?" 하고 물었습니다. 아내는 손가락으로 문짝 옆에 난 큰 구멍을 가리키면서 노루 한 마리가 들어와서 밤새도록 있다가 아침 늦게까지 자고는 이렇게 비닐하우스만 크게 뚫어 놓고 나가 버렸다고 말해 주었습니다. 내가 늦잠을 자지 않고 일찍 왔으면 동네 사람들과 합심해 그 노루를 잡아서 잔치를 할 뻔했다고 하였습니다(물론 농담으로 하는 소리입니다).

나는 이놈의 노루가 하우스에 들어와서 우리 토마토를 다 절단내지 않았나 싶어서 "그래, 토마토는 괜찮아?" 하고 물어보았습니다. 아내는 "그렇지 않아도 토마토 다칠까 봐 노루를 살살 몰아냈다"고 했습니다.

이야기를 듣고 나니 궁금한 게 더 많아졌습니다. 어제 저녁 하우스 문을 닫을 때는 분명 노루가 없었는데, 밤중에 어떻게 하우스에 들어왔으며, 문을 안 닫아 그쪽으로 들어왔다면 그 문으로 나가지 않고 왜 아침 해 돋을 때까지 있었는지 궁금했습니다.

그런데 한나절 하우스 안에서 일을 하다 보니 이상한 것이 눈에 띄었습니다. 비닐하우스 중간쯤 토마토가 몇 포기 부러져 있고, 그 위쪽의 비닐이 크게 찢어져 있었습니다.

'이상하다……? 비닐하우스 천장의 구멍은 무엇이고, 토마토는 왜 부러졌을까?' 하는 생각이 들었습니다. 궁금해서 하우스 밖으로 나가 보았습니다.

밖에 나가 보니 산 쪽에서부터 급히 달려온 노루 발자국이 선명하게 찍혀 있고, 그 뒤에 다른 짐승 발자국이 또 있었습니다. 한참 생각하다 그제야 모든 것을 알 수 있었습니다.

'노루는 간밤에 포식 동물에게 쫓기고 있었다. 쫓기는 중에 그놈은 엉겁결에 앞을 가로막은 하우스 지붕 위로 뛰어올랐고, 그 바람에 비닐이 찢어지고 노루는 하우스 안으로 떨어졌다. 노루를 쫓던 그 짐승은 하우스 안에 들어간 노루를 더 이상 어쩔 수 없어 놓치고 말았다.'

대강 이런 상상이 되었습니다. 하우스 안에 들어온 노루는 밤새도록 그 안에서 나가지도 못하고 벌벌 떨고 있었던 것이었습니다.

'미련한 것. 자기를 잡아먹으려고 하니 들어올 때는 엉겁결에 들어왔는데, 나갈 때는 또 그 방법을 잊어버려 0.06밀리의 얇은 비닐을 못 뚫고 해가 돋을 때까지 있었다니……. 그러다간 사람한테 또 잡힐 것을 왜 생각하지 못했는지.'

노루는 아침에 사람을 보고 놀라 다시 사력을 다해 비닐을 뚫고 달아났을 것입니다. 이놈은 다음 번 같은 일을 당해도 또 비닐 한 장을 못 뚫고 밤을 새울 것이라 생각하니 웃음이 절로 나왔습니다.

그런데 집에 와서 가만히 생각해 보니 이런 일은 미련한 짐승만의 일이 아닌 것 같았습니다. 우리 역시 아무것도 아닌 얇은 사고의 가림막에 갇혀 전전긍긍하며 살고 있는지도 모른다는 생각이 들었기 때문입니다.

　저 바보 노루처럼…….

7

옛 고전에 나타난
신의 손가락

성경, 우리의 오래된 미래

한가위만
같아라

　예전 우리의 명절은 모두에게 즐거운 날이었습니다. 특히 어린아이들에게는 이보다 즐거운 날은 없었습니다. 물론 형편이 어려운 집 어른들에게는 걱정이 되는 날이기도 했습니다.
　요즈음엔 명절 하면 먼저 떠오르는 것이 귀향길 교통 체증입니다. 그러나 흩어져 있던 가족이 한자리에 모이는 날로, 오늘날도 우리 모두에게 아주 즐거운 날입니다. 예전 배고팠던 시절의 명절은 풍족한 음식 덕분에 모두에게 아주 즐거운 날이었습니다. 오죽했으면 '한가위만 같아라' 하는 말이 나왔겠습니까?
　우리의 명절인 설과 한가위만 이렇게 풍족한 날이 아닙니다. 설 바로 다음 정월 보름과 이월 그리고 동지 때도 역시 풍족한 음식 덕에 즐거운 날이었습니다. 이처럼 모두 배부르게 먹는 게 우리네 명절입니다.

그런데 성경에 기록된 고대 이스라엘인들의 명절을 살펴보면 우리의 그것과 사뭇 다르다는 사실을 알 수 있습니다. 그들의 명절은 유월절(무교절 포함), 초실절, 칠칠절, 초막절, 나팔절, 속죄일인데 나중에 한 명절이 더 추가되어 부림절이 생겼습니다. 하지만 이 명절들은 대부분 화려한 옷을 입고 맛있는 음식을 먹으며 즐기는 우리네 명절과는 아주 다른, 이상한(?) 명절입니다.

맨 먼저 유월절에는 발효되지 않아 아무런 맛도 없는 빵을 이어지는 무교절 명절 기간까지 내내 먹어야 했고, 초막절은 안락한 자기 집을 두고 바깥 초막에서 생활하는 명절이었으며, 속죄일과 부림절은 금식하며 보내야 하는 명절이었습니다.

이 명절들은 모두 옛날 어려울 때를 다시 생각하며 보내는 것으로, 유월절은 그들 조상의 이집트 탈출과 자신들을 구원해 주신 하나님 여호와께 감사를 드리는 날이며, 초막절은 이집트를 탈출해 40년간 광야에서 살았던 어려운 시절을 기억케 하는 명절이며, 부림절은 그들의 원수 메데 바사의 대재상(宰相) 하만의 간계로부터 구출된 것을 기념하기 위한 명절로서 금식하며 보내는 날이었습니다.

우리네 명절이 배불리 먹고 즐겁게 노는 날인 데 반해 고대 히브리인들의 명절은 이처럼 맛없는 빵을 먹거나 한뎃잠을 자거나 굶어야 하는 날이었습니다. 이런 어려움을 스스로 겪게 해, 자칫 배부르면 잊어버리기 쉬운 자신들의 정체성을 잊지 않도록 하기 위한 명절이었습니다. 또한 이 기간을 이스라엘인들은 자식들을 교육시키는 기회로 삼았습니다. 이런 이야기는 구약성경에 모두 나와 있습니다.

지금 우리는 옛날에 비해 아주 풍족한 시대에 살고 있습니다. 옛날 같으면 보기 드물었던 비만이라는 생활 습관병도 급속히 퍼져 나가고 있습니다. 이뿐 아니라 이로 말미암아 생기게 된 여러 생활 습관병이 국민병으로까지 번져 가고 있습니다. 심지어 어린이 비만과 소아 당뇨까지 날로 증가하고 있는 추세입니다. 우리 역사에서 언제 너무 많이 먹어 비만을 염려하고, 너무 편안해 운동 부족을 걱정한 시대가 있었습니까?

고대 이스라엘인들은 벌써 수천 년 전부터 풍족하게 되었을 때의 이런 폐단을 예견하여 법으로 여러 명절을 제정해 자기 자식들에게 때로는 금식을, 때로는 야외 캠핑을 통해 미리미리 교육을 시켜 왔습니다.

우리도 우리 자신과 자녀 교육을 위해 언제나 풍족하게 먹는 명절만이 아니라 일 년 중 어느 한 날을 금식일로 제정해 경건히 보내는 것도 의미 있는 일이 아닌가 생각됩니다. 물론 이런 일은 국정 휴일로 제정함과 동시에 텔레비전 같은 언론이 앞장서서 하면 더 효과적일 것입니다. 이렇게 하루를 금식하는 날로 정하여 지난날 가난했던 때를 뒤돌아보며 근검절약하는 정신을 배양하고 어려운 사람을 돕는 기회로 삼을 수도 있을 것입니다.

그리고 일 년에 한두 번은 고대 이스라엘인들이 초막절을 지키듯 야외 캠핑을 통해 우리 자녀들로 하여금 집의 소중함을 깨닫게 할 수도 있을 것입니다.

그런데 현실은 늘 이와 반대로, 새로 생겨난 '날'이라는 게 모두가 먹고 마시는 무슨무슨 데이(day)뿐이니, 상업주의에 놀아나는 그 탐욕의 끝이 어디인지 알 수가 없습니다.

우리의 명절과 고대 이스라엘의 명절을 비교하면서 우리의 자녀교육을 다시 돌아보았습니다.

참조 : 출애굽기 12장(유월절)
　　　 레위기 23장(초막절)
　　　 에스더 9장(부림절)

땅도 쉬어야 한다

　　　　　　우리 집은 할아버지 때부터 소작으로 남의 밭을 부치며 살아왔습니다. 워낙 가난했기 때문에 우리 땅이라곤 비탈밭 천여 평이 전부인 탓에 토지라면 좋고 나쁘고를 가릴 형편이 아니었습니다.

　그중에 종중의 조상 묘를 벌초해 주고 부치는 300평짜리 밭이 있었습니다. 척박한 사질 땅으로, 곡식이고 채소고 무엇 하나 잘되는 게 없습니다.

　더욱이 바로 냇물 하나 건너편에 이웃한 밭과 비교하면 해마다 속이 상했습니다. 그럴 때마다 할머니는 "밭도 상것 밭 양반 밭이 따로 있어 상놈 밭은 아무리 거름을 주고 가꾸어도 곡식이 잘되지 않는

다"는 지론(?)을 펴곤 하셨습니다.

이 말씀은 땅도 근본이 척박한 땅과 비옥한 땅이 있어, 척박한 땅은 아무리 거름을 주고 잘 가꾸어도 원래 토질이 비옥한 토양만큼 곡식이 잘되지 않는다는 뜻일 것입니다. 결국 우리 식구들은 좋은 밭을 갖지 못한 것을 한탄하며 그래도 열심히 농사를 지었습니다.

어느 해인가, 그 밭에 거름을 넣고 수박을 심었습니다. 초기 자람은 아주 양호했습니다. 덩굴도 그렇고 착과도 아주 잘되어 어쩌면 돈푼 깨나 만져 보게 될 것 같은 기분이 들었습니다.

그런데 누가 농사는 광에 곡식을 거두어들이기 전까지는 자랑 말라고 했던가요? 수박이 아이 머리만큼이나 굵었을까. 그때부터 시작한 비가 수확 무렵까지 아주 그 밭의 수박과 잎, 덩굴을 다 녹여 버릴 정도로 연일 쏟아졌습니다. 결국 목돈은커녕 수박 한 덩어리 구경도 못하고 헛농사를 짓고 말았습니다. 정말로 재수가 없는 해였습니다. 그렇게 완전 빈손이 된 적은 그전에는 한 번도 없었기 때문입니다.

8월이 되어 우리는 수박 덩굴을 걷어 낼 것도 없이 비닐만 걷어 내고 밭을 갈아 가을 김장 무를 심었습니다. 그런데 이게 웬일인가요? 우리 밭 무는 발아해 며칠 지나지 않아서부터 표가 날 정도로 잘 자랐습니다. 옆 밭과 한날한시에 파종해 키우는데 어떻게나 잘 자라는지, 지나가는 사람마다 올해 이 집 무는 벌써부터 대풍이라 말하곤 했습니다.

그리고는 "올해 수박을 못 먹더니 하늘이 도와 수박 농사 대신 무 농사로 '볼치기'(벌충)를 해 주시려나 보다" 하며 한마디씩 하곤 했습니다. 그러나 봄날 수박 농사 생각이 나서 성급한 기대는 자제했습니다. 한편 올봄에 넣은 수박 거름이 그대로 있어 그것이 무에 영양이 되어 잘되지 않았나 생각했습니다. 과연 그해 가을 무 농사는 그 밭 부치고 난 후로 최고의 수확을 올렸고, 봄 농사 손실을 만회한 것 같았습니다.

과연 한 철 묵힌 거름의 효과가 대단하다는 생각을 하고, 그해를 넘기고 이듬해에도 작년과 똑같이 그 밭에 무를 심었습니다. 그런데 이게 또 웬일입니까? 그해도 그다음 해도 또 그다음 해도 우리 밭은 무엇이나 심으면 다른 집 밭보다 더 잘되었습니다.

이게 어찌 된 일일까요? 미련한 나는 성서를 통독하다 그제야 깨달았습니다. 바로 성경에 나오는 안식년이 생각난 것입니다. 비록 반년 안식에 불과했지만, 우리 밭은 그해 이스라엘의 안식년을 맞이한 것이었습니다.

'그 반년 안식의 효과가 이렇게 크다니!'

나는 새삼 놀랐습니다.

그래서 그다음부터는 실험적으로 몇 해 걸러서 한 번씩 밭에다 안식을 시켜 보기로 했습니다. 그 후 몇 년마다 농사가 잘 안 될라 치면 우리 밭은 때론 반 년씩 때로는 한 해씩 안식을 시켰습니다. 남들은 나를 보고 게으름뱅이라 말했지만 개의치 않았습니다.

다른 비닐하우스 밭은 객토를 충분히 해 안식을 대신해 주었고, 무엇보다도 자연 친화적 농법으로 땅을 먼저 생각해 토양 관리에 신경을 썼습니다. 그 덕택으로 10년이 넘게 단 한 번의 농약도 치지 않고 토마토 농사를 지어 TV에 소개되기도 했고, 정부로부터 친환경 농법을 실천하는 농가로 선정되어 무농약 농가로, 이후 유기 농산물 생산 농가로 품질 인증까지 받기에 이르렀습니다.

인간이 농작물의 연작 피해를 인지한 것이 불과 몇십 년 전인데, 성경은 벌써 3천 500년 전에 이런 이치를 어찌 알았을까요?

이렇게 땅도 쉬어야 하는데, 요즘 우리 아이들은 주말과 방과 후 저녁 시간은 물론 방학까지도 빼앗기고 있으니, 무척 안쓰러운 생각이 듭니다.

옛 고전에 나타난 신의 손가락

 오늘날 유대인들이 '토라'라고 부르는 모세오경은 성경 66권 중 맨 앞 창세기를 포함해 출애굽기·레위기·민수기·신명기, 이 5권을 이르는 말로, 옛 고전 중 고전입니다. 이 책들은 고대 이스라엘 백성을 애굽(이집트)에서 인도해 낸 이스라엘의 지도자 모세가 쓴 것으로, 창세기를 제외하고는 모두 이스라엘의 초기 역사라고 알려져 있습니다. 하지만 모세가 죽은 후의 내용도 일부 포함된 것으로 보아, 모세가 기록한 내용을 기초로 나중에 누가 재편집했을 것이라는 주장이 더 유력해 보입니다. 한편으로 고대 이스라엘과 인근 지역에서 전해 오던 전설과 설화를 근거로 나중에 누군가가 재구성한 서사시라고 말하는 사람도 있습니다. 이런 논쟁의 끝이 언제일지 알 수는 없지만, 이런 주장은 아무래도 처음 주장보다 내겐 그렇게 설득력이 있어 보이지 않습니다.

이스라엘의 통치자들은 모세오경에 기록된 율법으로 나라를 다스렸습니다. 모세오경에 기록된 법은 다른 나라의 고대사에서 흔히 볼 수 있듯 그 나라 건국 초기의 신화가 아니라 이스라엘을 실제로 지배해 온 법령이었습니다.

그런데 이 법 중에는 다른 나라에서는 찾아볼 수 없는 아주 특별한 내용들이 들어 있습니다. 그중 어떤 것들은 그들이 실제로 성경 출애굽기에 기록된 바와 같은 특별한 역사적 경험을 하지 않고서는 법 제정 자체가 불가능해 보이는 법률도 있습니다.

먼저 한 가지 예를 들어 보겠습니다.

고대에는 어느 나라 사람을 막론하고 누구나 해와 달과 별을 숭배했습니다. 해와 달을 숭배하는 행위는 법으로 혹은 풍습으로 내려오면서 전 세계 어느 나라에나 있습니다. 하지만 이스라엘 백성은 유독 해와 달과 별에 대한 숭배를 금지하는 법을 제정했습니다. 이 법은 십계명과 그 계명에 기초한 시행령이랄 수 있는 다른 율법들에 상세히 기록되어 있습니다. 모세오경 중 신명기 4장 19절의 내용은 다음과 같습니다.

"네가 하늘을 향해 눈을 들어 해와 달과 별들, 하늘 위의 모든 천체 곧 너희의 하나님 여호와께서 천하 만민을 위해 배정하신 것을 보고 미혹해 그것에 경배하며 섬기지 말라."

이 내용을 뒷받침하는 것은 모세오경과 동시대에 기록되었을 것이라 추측되는 구약성경 욥기에서도 찾아볼 수 있습니다.
욥기 31장의 내용입니다.

26 하늘에 빛나는 태양이나 은빛 길을 걷는 달을 보고
27 은근히 마음이 끌려 손을 모아 그것들을 숭배해 본 적도 없다.
28 내가 만일 그런 짓을 했다면 이것 역시 재판을 받아야 할 죄이다. 그것은 내가 위에 계신 하나님을 배반한 셈이 되기 때문이다.

그런데 이처럼 태양이나 달을 섬기지 말라는 법을 성문화한 나라는 이스라엘 외에 나는 아직 알지를 못합니다.
아침에 떠오르는 태양을 보고 그 장엄함에 감탄하지 않는 사람은 아마 없을 것입니다. 해마다 양력으로 1월 1일이면 동해 일출을 보기 위해 수십 리 국도가 주차장이 될 만큼 행렬 자체가 장관을 이룹니다. 우리들 어릴 적에는 아침에 떠오르는 해와 저녁의 달을 보고 작은 소원이나마 빌어 보지 않은 사람은 아마도 없을 것입니다. 이런 풍습들은 다 해와 달을 숭배하던 잔재가 아닌가 생각합니다.

그런데 그 옛날, 그것도 까마득한 그 옛날에 이처럼 '태양 숭배를 금지하는 법'을 제정하다니……. 인간이 달나라에 가는 오늘날에도 이렇게 해와 달을 숭배하는 사람이 있는데, 과학이 그렇게 발달하지 않은 그 시대에 어떻게 이런 법을 제정할 수 있었을까요? 당시 주변 사람들의 우주관을 감안하면 아무리 생각해도 전혀 가능한 일로 보이지 않습니다.

다음으로 주목할 것은 안식일에 관한 법령입니다. 안식일은 우리가 잘 알고 있듯이 엿새 일하고 하루 쉬는 날을 말합니다. 오늘날 엿새 일하고 하루 쉬는 일은 이미 우리의 일상생활이 되었기 때문에 이 법을 제정한다는 것은 그렇게 대수롭지 않게 생각될지 모릅니다. 하지만 옛날 법률을 제정한 주체가 누구인지를 한 번이라도 생각해 본 사람이라면, 왜 근로기준법이랄 수 있는 안식일 법을 제정하는 게 그렇게 어려운 일인지, 아니 불가능한 일인지를 쉽게 이해할 수 있을 것입니다.

옛날 그 어떤 나라도 가난하고 힘없는 사람들이 오늘날처럼 민주적으로 모여 이상적인 법을 만들어 지켜 왔다는 역사적 기록은 아직까지 보지 못했습니다.

모세오경이 기록된 1천 500년 후 중동 지역의 선견자 한 분은 안식일을 두고 다음과 같이 말씀하심으로써 그 법이 누구를 위해 제정되었는지를 분명히 하고 있습니다. 신약성경 마가복음 2장 27절입니다.

> 또 이르시되 안식일이 사람을 위해 있는 것이요 사람이 안식일을 위해 있는 것이 아니니(라)

어느 사회나 지배층은 이런 법이 없어도 얼마든지 휴식을 취하고 여가를 즐길 수 있었습니다. 하지만 지금도 가난한 사람들은 하루도 마음 놓고 쉴 수가 없습니다. 이런 현실을 고려해 볼 때 이 안식일에 관한 법의 수혜자는 너무나 명백합니다. 대체 당시 이스라엘 지도자들은 왜 자신들에게 아무런 도움이 되지 않고 오히려 불편만 가중시키는 이런 법을 제정했을까요?

오늘날은 대부분의 사람들이 기계에 의존해 여러 편의를 누릴 수 있습니다. 그러나 옛날 왕족이나 귀족과 부자들의 생활은 모두 하인이나 노예의 노동에 의존하는 구조였습니다. 그러므로 이 법령을 제정한다는 것은 당시 현실과 너무나 동떨어진 일로, 그야말로 이스라엘 민족처럼 애굽에서의 쉼 없는 노동의 고초에 시달린 특별한 경험을 한 민족만이 제정할 수 있는 법령이 아닌가 생각합니다. 그런데 이스라엘의 율법은 집에서 부리는 가축도 이 법의 수혜자였음을 생각할 때 이런 법의 제정은 초인적인 분의 간섭 없이는 불가능한 게 아닌가 생각합니다(이와 관련한 법으로 20세기 말에 인류 역사상 최초로, 그깃도 일부 선진국에서 동물 보호에 관한 법이 제정되었다). 모세오경 중 출애굽기 20장에서 이렇게 기록하고 있기 때문입니다.

> 8 안식일을 기억해 거룩하게 지키라
> 9 엿새 동안은 힘써 네 모든 일을 행할 것이나
> 10 일곱째 날은 네 하나님 여호와의 안식일인즉 너나 네 아들이나 네 딸이나 네 남종이나 네 여종이나 네 가축이나 네 문 안에 머무는 객이라도 아무 일도 하지 말라

 이 얼마나 실제적이고 윤리적인 근로기준법이며 동물 보호법입니까? 그런데 위 두 법보다 더 특별한 법이 또 있었으니, 이것이 바로 이 세상 그 누구도 감히 생각해 내지 못한 '안식년'에 관한 법령입니다. 이 법은 성경 레위기 25장에 나오는데, 6년 일하고 한 해는 땅에 아무 곡식도 심지 말고, 이미 심어진 농작물이라도 가꾸지 말며 수확도 하지 말라는 내용입니다. 그런데 이 법률도 안식일과 마찬가지로 다시 생각해 보아도 당시 이스라엘 민족처럼 기적을 경험한 백성이 아니고서는 도저히 제정 자체가 불가능한 게 아닌가 하는 생각이 듭니다.
 보통 법은 필요성이 느껴져야 제안되고 제정됩니다. 그러나 이 안식년에 관한 법은 전혀 그렇게 느껴지지 않습니다. 고대, 그것도 농

경 사회에서 이런 법의 제정은 어느 면으로 생각해 보더라도 제정 자체부터 가능해 보이지 않습니다.

그렇다고 해서 어떤 강력한 영도자가 단독으로 제정할 수 있을 것 같지도 않습니다. 농지를 6년 경작하고 한 해를, 그것도 완전히 전 국토를 쉬게 하는 법률, 이런 이상한 법률을 제정한다는 것은 어떤 강력한 영도자가 이끄는 군대의 힘으로도 제정할 수가 없는 일입니다. 이건 바로 그들이 먹고 살아야 하는 양식을 제한하는 것이며, 한 나라를 지키는 군대의 군량미를 제한하는 것이기 때문입니다. 이는 곧 국방과 직접적으로 관계된 엄청난 일이기 때문입니다. 하지만 그 법률은 제정되었고, 레위기 25장에 다음과 같이 명문화되어 있습니다.

안식년

1 여호와께서 시내산에서 모세에게 말씀해 이르시되

2 이스라엘 자손에게 말해 이르라 너희는 내가 너희에게 주는 땅에 들어간 후에 그 땅으로 여호와 앞에 안식하게 하라

3 너는 육 년 동안 그 밭에 파종하며 육 년 동안 그 포도원을 가꾸어 그 소출을 거둘 것이나

4 일곱째 해에는 그 땅이 쉬어 안식하게 할지니 여호와께 대한 안식이라 너는 그 밭에 파종하거나 포도원을 가꾸지 말며

5 네가 거둔 후에 자라난 것을 거두지 말고 가꾸지 아니한 포도나무가 맺은 열매를 거두지 말라 이는 땅의 안식년임이니라

6 안식년의 소출은 너희가 먹을 것이니 너와 네 남종과 네 여종과 네 품꾼과 너와 함께 거류하는 자들과

7 네 가축과 네 땅에 있는 들짐승들이 다 그 소출로 먹을 것을 삼을지니라

이런 법을 제정한다는 것은 바로 그 나라의 군사력, 즉 안보를 심각하게 위협할 수 있는 일입니다. 어느 나라가 감히 한 해 농사를 완전히 짓지 말도록 하는 정신 나간 법을 제정할 수 있겠습니까? 이런 법을 제정한다는 것은 성경 모세오경에 기록된 것처럼 기적을 직접 체험한 사람이나 민족이 아니면 결코 가능하지 않을 것입니다.

이 외에도 이들 이스라엘 사람들에겐 우리가 주목할 만한 놀라운 법이 또 있습니다. 바로 희년에 관한 법령입니다.

이스라엘인들은 칠 년마다 안식년을 지키라는 법을 만들었습니다. 그리고 다시 일곱째 안식년 바로 다음해에 또 대안식년을 지키라는 법을 제정했습니다(그러니까 $7 \times 7 = 49$, 매 49년과 그다음 해가 모두 안식년. 이렇게 49년마다 돌아오는 안식년 다음 해를 희년 혹은 대희년이라고 불렀습니다).

이 법은 매 일곱째 해에 지키는 안식년 외에 일곱 번째 안식년 바

로 다음 해에도 연이어 농사를 짓지 말고 모든 백성은 전전 해에 비축한 곡식과 저절로 나는 것만 먹고 살도록 한 것입니다.

이렇게 두 해를 완전히 농사를 짓지 못하도록 하는 법을 만드는 일, 이것이 정상적인 국가에서 있을 수 있는 일인지, 아무리 곰곰이 다시 생각해 보아도 도저히 있을 수 없는 일입니다. 이는 어떤 강력한 초인적인 힘이 작용하지 않고는 도저히 불가능한 일입니다. 이런 법률을 제정한다는 발상 자체가 인간 세상에서는 있을 수 없는 일이기 때문입니다. 하지만 이 법은 제정되었고, 수천 년간 지켜야 할 법으로 명문화되었습니다.

오늘날도 식량은 일차적으로 한 나라의 안보 차원에서 가장 중요한 자원입니다. 그런데 고대 이스라엘은 한 해도 아니고 두 해나 농사를 짓지 않고 살겠다고 이런 법을 제정했으니, 도무지 납득이 가지 않습니다.

이상의 세 법, 안식일, 안식년에 관한 율법과 희년에 관한 법이야말로 이스라엘 백성이 바로 모세오경에 기록된 기적을 경험한 백성들이라는 증거이자 하나님이 인간에게 남긴 확실한 흔적 아닐까요?

매일 하나님이 하늘로부터 내려 주시는 기적의 밥 만나를 공급받고, 바위에서 나오는 기적의 샘물을 받아 마시며, 해지지 않는 의복과 떨어지지 않는 신발을 신고, 낮에는 구름 기둥으로 보호를 받고 밤에는 불기둥으로 인도를 받은 민족, 성경 출애굽기에 기록된 대로 바다가 기적적으로 갈라져 그들은 그 바다를 육지처럼 건넜으나 그들을 추적하던 애굽 군대는 그 바다에 몰살당하는 광경을 직접 목격한 민족, 그리고 시내산 높은 곳 구름과 불기둥 사이에서 들려오는 소리를 두 귀로 똑똑히 들은 민족만이 이런 법을 제정할 수 있지 않았나 생각합니다.

강력한 군사력이 아닌, 그들의 하나님 여호와만이 적으로부터 자신들을 보호해 줄 수 있는 가장 힘 있는 군대가 된다는 사실을 직접 체험한 민족이 아니고서는 결코 이 같은 법률을 제정할 수 없을 것입니다.

이 모세오경이야말로 창조주께서 우리 인간에게 남기신 또 하나의 선명한 지문이 아닌가 생각합니다.

이상이 내가 지금까지 평생 성경을 읽고 내린 결론이며, 성경을 창조주의 말씀으로 믿게 된 이유입니다.

맺는말

한 마리 고양이에 대한 어릴 적 기억

아주 옛날 나의 이야기입니다. 취학 전인 것도 같고, 하여튼 아주 어릴 적 이야기인 것만은 확실합니다.

그때 나는 의지할 데 없는 어린아이였습니다. 할아버지 할머니 밑에서 자랐는데, 나의 기억엔 할아버지는 맨날 술에 취해 계셨고 할머니는 그 술 취한 할아버지와 매일같이 싸우는 분으로 기억될 뿐이었습니다.

그러던 어느 날 나에게도 친구가 하나 생겼습니다. 다름 아닌 새끼 고양이였습니다. 동무네 집 뒤안 짚동 사이에 있는 세 마리의 고양이 새끼 중 한 마리를 친구의 허락을 받고 가져온 것입니다. 새끼라고는 해도 제법 자라서 밥도 잘 먹고, 젖을 떼도 잘 클 수 있는 놈 같았습니다.

그런데 집에 가져와서 며칠을 키우다 보니 이놈이 아주 놀라운 재주 하나를 가지고 있다는 걸 알게 되었습니다. 그것은 다름 아닌 공중제비였습니다. 어쩌다 알게 된 것이지만 이놈은 아무리 높이 집어 던져도 그냥 땅에 떨어지는 법이 없었습니다. 언제나 땅에 떨어지기 전에 바로 서서 떨어졌기 때문입니다.

정말 신기했습니다.

'어찌 이럴 수가 있는가?'

나는 그때만 해도 수없이 마루에서 떨어진 기억이 있고, 항상 떨어질 때는 머리를 땅에 박거나 아니면 다리를 다치거나 엉덩방아를 찧는 고초를 겪었는데, 이놈은 한 번도 그런 일 없이 사뿐사뿐 땅에 내려앉으니 어린 저에겐 정말 신기한 일이 아닐 수 없었습니다.

당시 나는 그것을 내 고양이만이 할 수 있는 독특한 재주로 생각했습니다. 그래서 기회 있을 때마다 동무들에게 그 재주를 자랑했고, 친구들의 요청이 있으면 바로 그 재주를 보여 주었습니다. 물론 동무들도 모두 부러워했고, 나는 아주 귀한 나의 친구 고양이를 더욱 사랑하게 되었습니다.

밤이면 나의 이불 속에 고양이를 재웠습니다. 당시에는 귀했던 밥도 나누어 먹고, 내가 먹는 것은 무엇 하나 고양이에게 주지 않은 게 없었습니다. 머리를 정성스럽게 쓰다듬어 주기도 하고, 방 안에서 같이 놀 때는 발도 깨끗이 닦아 주며 마치 아기 기르듯, 저에겐 없었지만 동생을 돌보듯 그런 정성으로 보살폈습니다.

물론 할아버지 할머니는 더럽다며 갖다 버리라고 하셨지만 한사코 버리지 않았습니다. 어느 날, 그날도 나는 나의 고양이를 품에 안고 동네로 나갔습니다. 마침 동네 동무들도 모여 있었고 형들도 있었습니다. 나는 그날 정말 내 고양이의 재주를 뽐낼 절호의 찬스가 왔다고 생각했습니다.

그래서 "우리 고양이 재주 잘한다" 하며 동무들을 불러 모은 후, 공중으로 고양이를 훌쩍 던졌습니다. 물론 내 고양이는 땅바닥에 바로 섰습니다. 아이들은 신기한 듯 "한 번 더 해 봐라" 하며 야단이었습니다.

나는 더욱더 신이 났습니다. 그래서 몇 번이고 던지면서 재주를 마음껏 보여 주었습니다. 재주를 한 번 부릴 때마다 나는 내 고양이의 머리를 쓰다듬어 주기도 하고 가슴을 어루만져 주었습니다. 그렇게 나는 나의 고양이를 귀여워해 주었습니다.

그러다 이제는 그만해야겠다 싶어 고양이를 가슴에 곱게 안았습니다. 그리고 얼마나 지났을까? 내 가슴이 따뜻해 왔습니다. 이상하다 느끼기도 전에 한 동무가 내 고양이가 오줌을 싼다고 일러 주었습니다.

'아, 망신이다. 고양이가 내 품에서 오줌을 싸다니······.'

그런데 금세 정말 이상하다는 생각이 들었습니다. 이건 그냥 오줌을 싸는 것이 아니었습니다. 뒷다리를 쭉 뻗친 것이 이제 고개까지 떨구는 것이었습니다. 나는 이상하다 싶어 고양이를 흔들어 보았습니다. 그래도 아무 반응이 없었습니다.

그제야 어떤 동무가 말했습니다.

"니 고양이 죽은 거 아이가?"

아! 나는 그제야 내 고양이가 죽었다는 것을 알았습니다. 나는 와락 겁이 났습니다.

고양이가 죽다니, 나는 울음을 터뜨렸습니다. 한참 울다 보니 내 고양이는 이미 내 품을 떠나 있었고 동무들은 내 고양이를 둘러보며 "불쌍하다. 불쌍하다" 했습니다. 약간 겁을 먹고 우는 아이들도 있었습니다. 나는 더욱 겁이 나 더 큰 소리로 울었습니다. 나의 울음은 언제 그칠지 몰랐습니다.

동네 형들이 나의 울음이 길어질 것 같았는지 "괜찮다, 괜찮아" 하며 나를 달래기 시작했습니다. 어떤 형은 "그까짓 고양이 새끼 내가 또 한 마리 잡아 줄게" 하며 달래 주었습니다.

얼마 후 나는 울음을 그치고 그 고양이를 친구들과 함께 앞산에 곱게 묻어 주고 집으로 왔습니다. 나는 그날 밤 얼마나 후회를 했는지 모릅니다. 그리고 어린 마음에 그 고양이가 복수하려고 다시 나타날지도 모른다는 생각을 했습니다.

 그렇게 고양이가 고통스러워하는 줄도 모르고 내 좋다고 자랑삼아 죽도록 내던지기만 했으니……. 나는 언젠가 벌을 받을지도 모른다고 생각했습니다.

 그리고 세월이 한참 지났습니다. 수십 년도 더 지났습니다. 그 고양이를 잊은 지도 오래되었습니다.

 그런데 어느 날, 우리 막내아들 녀석이 학교를 파하고 집에 올 때쯤이었습니다. 내가 대문도 없는 집 앞에서 아들 마중을 할 즈음 이상한 고양이 한 마리가 우리 마당으로 들어오고 있는 것이 아닙니까? 그런데 이 고양이의 걸음걸이가 이상했습니다. 다른 고양이는 다 걸음이 잽싸거나, 천천히 걷는다 하더라도 그 걸음이 무언가 포식자답게 위풍이 있어 보이는데, 이놈은 전혀 그런 모습이 아니었습니다. 가만히 보니 이놈은 앞다리로만 걷고 있었습니다. 뒷다리는 그냥 질질 끌면서…….

 그것을 보는 순간 불현듯 나는 까마득한 옛날 내가 동무들에게 재주를 보여 준다며 던져 죽인 고양이가 생각났습니다. '그 고양이가 다시 살아왔구나' 할 정도로, 그 모습이며 뒷다리를 쭉 뻗은 것이 정말 내 어릴 적 고양이와 너무나 흡사했습니다.

 나는 어쩔 줄 몰랐습니다. '이 일을 어쩌면 좋지……?' 하며 당황하고 있을 무렵 헐레벌떡 우리 막내가 학교에서 돌아왔습니다.

막내는 원래 짐승을 좋아하고 들고양이들을 친구 삼아 잘 노는 아이라, 고양이를 보자마자 바로 "아이고 불쌍해라" 하고는 "아빠, 얘 고칠 수 없을까?" 하며 안타까워했습니다.

나는 허리가 이미 부러졌고 며칠을 굶었는지 저렇게 힘이 없으니 살릴 수는 없을 것이라 생각하고, 빨리 내 눈앞에서 사라져 주기만 바랐습니다. 그러면서도 한편으로는 내 어릴 적 고양이 생각이 자꾸 났습니다.

아들 녀석은 그래도 무엇을 연신 생각하더니 배가 고파 보였는지 우선 자기가 학교 급식으로 받아온 우유를 먹여 보자고 했습니다. 나는 모두가 헛수고일 것으로 생각했지만 그래도 동물을 생각하는 마음씨가 기특해 그렇게 해 보라고 했습니다.

처음에 우유를 갖다 주니 고양이는 약간 겁을 먹고 피하는 듯 하더니 우리가 조금 피해 주니까 이내 혀로 조금씩 핥아 먹기 시작했습니다. 조금 맛을 들이더니 이제 먹는 속도가 점점 더 빨라졌습니다. 아니, 눈 깜짝할 사이에 부어 준 우유를 다 먹어치웠습니다.

아들은 신기한 듯 보고 있다가 "아빠! 남은 우유도 마저 다 줄까?" 했습니다. 나는 이 고양이가 살지는 못할 것이라고 생각했지만 옛 고양이에 대한 속죄의 마음도 있고 해서 후하게 다 주라고 했습니다. 고양이는 여전히 배가 고픈지 연신 먹어댔습니다. 마저 부어 준 우유가 거의 다 없어질 무렵 이놈은 그제야 배가 부른지 슬슬 물러났습니다. 그리고는 멀리도 가지 않고 울 삼아 키워 둔 우리 집 신우대 대밭 속으로 들어갔습니다. 고양이가 먹는 모습이 신기했는지 우리 막내는 "내일 또 갖다 주어야지" 하면서 무척 좋아했습니다.

다음 날 아들은 좀 일찍 집에 왔습니다. 고양이에게 우유를 주기 위해 빨리 걸어왔다는 것입니다. 그 길은 아이들 걸음으로 아무리 빨리 걸어도 30분이 넘게 걸리는 좀 먼 거리입니다. 나는 아들이 공연한 정성을 들인다 싶었지만 정성이 하도 가상해 그냥 두기로 했습니다.

셋째 날도 넷째 날도……. 그런데 며칠이 지나자 우유를 먹으려고 걸어 나오는 고양이를 보는데, 아! 이게 웬일입니까. 고양이의 허리가 한결 나아 보였습니다. 이것은 저만의 느낌이 아니었습니다. 우리 막내도 아내도, 우리 식구 모두 고양이가 현저히 나아졌다고 야단이었습니다.

그래도 나는 속으로 '설마 부러진 허리가 나으려고?' 생각하며 '좀 나아 보이는 거겠지' 했습니다. 이틀이 더 지났을까. 이제는 온 식구는 물론 저 자신까지 고양이가 나아지고 있다는 확신이 섰습니다.

"율아, 정말 나아 가고 있는 것 같다. 우리 율이가 고양이를 살려 냈다. 며칠만 더 우유를 주면 이제 완전히 낫겠다."

과연 며칠 후 그 기대는 빗나가지 않았고, 우리 고양이는 이제 완전히 나았습니다. 얼마나 좋은지 우리 고양이는 이제 율이만 보면 세로 뛰고 모로 뛰었습니다. 고양이가 살아난 것은 정말 기적 같은 일이었습니다. 이제 아들의 정성 덕으로 어릴 적 내 죄과를 조금은 씻는 듯했습니다.

이렇게 해서 이 고양이와 우리는 특별한 인연을 맺게 되었습니다. 이제 이 고양이는 율이뿐 아니라 우리 식구 누구에게도 안기는, 들고양이가 아닌 그야말로 집고양이가 되다시피 했습니다.

그러나 우리 율이는 이것으로 만족하지 못했습니다. 어느 날, 학교 갔다 오자마자 이 고양이를 완전히 우리 고양이로 하자고 제안하는 것이었습니다. 죽을 것을 살려 놓았으니 우리 고양이로 할 수 있다는 것이며, 더욱이 이 고양이는 임자 없는 들고양이이므로 누가 무어라 말할 사람도 없지 않으냐는 것이었습니다. 결국 율이의 말은 한마디로, 우리도 다른 사람들처럼 이 고양이를 애완동물로 키우자는 것이었습니다.

아들 녀석의 말을 들어 보니 일리가 없지는 않았습니다. 그러나 나는 단호히, 그러나 진지하고 차분하게 율이에게 설명해 주었습니다.

"이 고양이가 우리를 따르고 좋아하는 것은 사실이다. 그러나 이 고양이가 우리를 따르는 것은 이제까지 우리가 자기한테 하는 것으로 보아 자기를 해치지 않는다는 것과, 무엇보다도 자기가 좋아하는 우유를 매일 주기 때문이다. 그러나 이것은 진정으로 이 고양이를 위하는 것이 아니다. 이 고양이는 아무리 사람이 잘해 주고 또 우리가 그놈을 좋아할지라도 제 동무 고양이들과 함께 살아가야 한다. 그러므로 가서 항상 제 동무와 같이 놀아야 한다. 우리가 우리 좋다고 고양이를 우리의 친구로 만들어 우리 집에 잡아 두고 먹이를 주고 키운다면, 그놈은 결국 먹이 잡는 법도 배우지 못하고 그냥 사람의 노리개가 되고 말 것이다. 이 얼마나 불행한 일이냐."

그리고 아빠가 어릴 적 좋아하다 죽여 버린 새끼 고양이 이야기도 해 주면서 "너무 낙심하지 말아라. 차츰 멀리해 자립심을 길러 주어라. 또 가끔 놀러 오면 친구 고양이가 좋아하는 먹이도 조금 주는 거야 무방하지 않겠나?" 하고 말해 주었습니다. 그제야 율이는 안도하는 눈빛을 보였고 이내 수긍을 했습니다.

이 기억은 오늘날까지 내 아이들을 교육하는 데 진정으로 자녀를 위하는 길이 무엇인지 생각해 보게 하는 아주 소중한 경험이 되었습니다. 내 자식일지라도 내 방식대로 사랑할 수만은 없다는……

'아들아, 부디 가슴이 따뜻한 사람으로 자라다오.'

추천의 말

놀라운 '가슴높이' 자녀 교육법

― 조석희(미국 세인트존스대학 교수)

  교육 여건이 열악한 시골에서 5남매를 모두 수재로 키워 낸 황보태조 씨의 이야기를 읽으면서 필자는 정말 '한 수' 배웠다. 실로 뛰어난 교육 실천가라는 칭송이 아깝지 않다. 중요한 것은 다섯 아이를 모두 좋은 대학에 보냈다는 '결과'가 아니라 그렇게 만든 '과정'이다. 황보태조 씨가 아이들을 키우는 과정을 지켜보면서 나 자신 교육학자이자 한 사람의 부모로서 부끄러운 마음이 들었다.

  황보태조 씨가 자녀 교육에 사용했던 방법 하나하나가 매우 소중하여 각각의 방법이 갖는 의미를 밝혀 보고 싶지만 소중하지 않은 것이 하나도 없어 일일이 다 분석하자면 책을 한 권 새로 쓰지 않으면 안 될 정도다. 우선 황보태조 씨의 자녀 교육 방법 가운데 한 번 더 되씹어 보고 싶은 중요한 내용들에 대해 그 교육적인 의미를 생각해 본다.

1. 칭찬거리가 없으면 만들어서라도 칭찬해 준다

우리 부모들은 칭찬에 인색하다. 아이들이 잘못한 것은 눈에 잘 띄는 데 비해 잘한 것은 당연한 것처럼 여기기 때문이다.

그러나 황보태조 씨는 일부러 칭찬거리를 찾아내려고 애를 썼다. 박세리의 아버지도 칭찬을 해 주고 의욕을 북돋워 주기 위해서 박세리가 공을 잘못 칠 때에는 오토바이로 먼저 달려가 공을 좋은 위치에 옮겨 놓고 "잘했다"고 칭찬해 주고, 자만에 빠질 위험이 있다고 생각되면 일부러 공을 좋지 않은 위치에 놓아두었다가 "너무 자만하면 안 된다"고 경고를 주었다고 한다.

황보태조 씨도 아이들이 한자를 공부할 때 공부를 열심히 한 것을 칭찬해 주기 위해 일부러 쉬운 것을 짚어 가면서 물어보았다. 칭찬거리가 없으면 만들어서라도 칭찬해 주어야 아이들은 더 신나서 공부를 열심히 하게 된다. 공부하는 아이를 더 신나게 해 주려고 책을 한 권 떼면 성대한 '잔치'도 열어 주었다. 이는 '자아 효능감과 동기가 높아야 공부를 잘한다'는 교육심리학의 이론을 적절히 적용한 것이다.

2. 아이들의 놀이를 이용해서 공부를 시킨다

부모들은 아이들이 책상 앞에 앉아 무엇을 쓰거나 책을 읽고 있어야만 공부한다고 생각하는 경향이 있다. 아이들이 놀고 있는 상황에 적절하게 끼어들어서 자연스럽게 공부로 유도하려는 생각은 하지 않는다.

딸들이 인형 놀이를 할 때 보통 부모라면 "왜 공부는 안 하고 놀기만 하니?"라고 말하면서, 학습지를 내 주고 글씨 쓰기 연습을 하라고 했을 것이다. 그러나 황보태조 씨는 아이들이 즐겁게 노는 상황을 잘 활용해서 공부가 공부인 줄 모르고 공부하게 해 주었다. 황보태조 씨는 학교 다닐 적에 '공부는 힘들고 재미없는 것'이라는 생각 때문에 공부하기가 싫었다는 경험을 통해서 가능한 한 자녀들이 공부를 재미있는 것으로 생각하게 하려고 부단히 노력했다.

이렇게 아이들의 놀이에 부모가 참여하여 학습 효과를 올리는 방법까지 생각해 냈다는 것은 정말 대단하다. 아이들에게 재미있게 공부를 시키려면, 부모는 아이를 생각의 중심에 놓고 머리를 늘 360° 돌려야 한다. 이는 교육학에서 말하는 '아동 중심' 교육 이론의 실천 방법이다.

3. 아이들이 각자 좋아하는 것을 이용해서 공부를 시킨다

황보태조 씨는 '아이들은 자기가 경험한 것을 바탕으로 세계에 대

한 의미를 스스로 구성해 간다'는 구성주의 이론을 적용했다. 더 놀라운 것은 아이의 지식 수준뿐 아니라 흥미, 관심 분야까지도 고려한 아동 중심 교육을 했다는 점이다. 최근 '눈높이'라는 말이 많이 쓰이고 있다. 그러나 눈높이뿐 아니라 '가슴높이'까지 고려하여 아동 중심으로 교육을 했다는 점은 전문 교육자들도 충분히 생각하기 어려운 점이다. 눈높이는 아이가 현재 알고 있는 수준을 고려하여 적합한 내용을 제공해야 한다는 뜻이 더 많다. 그러나 지식의 수준은 비슷해도 좋아하지 않는 주제라면 효과가 크지 않다.

황보태조 씨는 딸들이 공주 인형을 갖고 놀면, 그 인형을 이용해서 글자를 가르치고, 아들이 로봇을 좋아하면 그것을 이용해서 글자를 가르쳤다. 또 어린아이들은 먹을 것을 좋아한다는 점을 이용해서 편지 쓰기 놀이로 글자를 가르쳤다.

아이들의 눈높이와 가슴높이에 맞춘 교육을 하려면 아이들을 잘 알고 있어야 한다. 부모 중심으로 생각하기보다는 아동 중심으로 생각하는 것이다. 우리 아이가 요즘에 재미를 들이고 있는 주제, 대상, 내용이 무엇인지를 잘 알아 두는 것이다. 이는 교육학에서 말하는 '개별화 교육'을 실천한 것이라고 할 수 있다.

4. 자발적으로 학습하는 아이로 키운다

대부분의 부모들은 아이가 공부를 좋아하지 않고 열심히 하지 않을 때, 현재의 교육 방법에서 무엇이 맞지 않는지를 확인하고 고쳐 주려고 하기보다는 야단치는 것을 먼저 생각한다. 그러나 야단쳐서 효과를 볼 수 있는 것은 불과 몇 분이다. '앉으나 서나 당신 생각'이 날 정도로 공부하고 있는 내용에 대해서 생각할 정도가 되면 누구나 우등생이 될 수 있다. 그러나 그런 생각이 들도록 하는 데는 아이들과 과목의 특성에 맞는 교육 내용과 방법을 찾아내 적용해야 한다.

아이들이 어렸을 때에는 재미있게 해 주어야 한다. 재미가 있어야 스스로 하기 때문이다. 입장을 바꿔 생각해 보라. 초등학교 학생에게 '공부 잘해야 훌륭한 사람이 된다'고 하면 그 말이 아이의 가슴에 와 닿을까? 좀 나이가 들어서는 비전을 제시하고, 장기적인 목표를 알려 주어서 스스로 공부를 해야겠다는 마음이 들도록 유도해 주어야 한다.

공부란 억지로 시켜서 되는 것이 아니다. 시켜서 되는 것이라면 눈만 뜨면 '공부, 공부' 소리를 듣고 자라는 우리나라 아이들 가운데 공부 못할 아이는 하나도 없을 것이다. 황보태조 씨의 말대로 아이들은 누가 시켜서가 아니라 스스로 '꿩 새끼를 몰며' 크는 것이다. 이는 교육학에서 말하는 '자율적 학습자'로 키우는 좋은 방법이다.

5. '아시갈이, 재벌갈이 하듯' '친구 이름 익히듯' 학습시킨다

한자 같은 암기 과목은 황보태조 씨가 했듯이 '친구 이름 익히듯', '아시갈이, 재벌갈이 하듯' 지도하는 것이 대단히 효과적이다. 암기가 잘되기 위해서는 우리의 두뇌 속에 정보의 자취가 강하게 남아야 한다. 이를 위해서는 같은 정보를 반복적으로 학습하여 정보의 자취가 점점 더 뚜렷해지고 강해지도록 만들어야 한다. 공부가 어렵거나 지겹다는 생각을 하게 되면 반복적으로 공부하게 되지 않고, 이렇게 되면 정보의 자취를 강하고 뚜렷하게 만들기 어렵다.

친구 이름 익히듯 여러 번 보고 또 보고, 만날 때마다 한 번씩 얼굴과 이름을 듣고 나면 저절로 언젠가는 친구들 이름을 익히게 되는 현상에 착안하여 한자 학습 방법을 도입한 것도 눈에 띈다. 이는 교육학에서 '공부한 시간이 같다면 한 가지를 오랫동안 공부하는 것보다 여러 차례에 나누어 공부하는 것이 더 효과적'이라는 '분산학습' 이론과 심리학에서 말하는 '기억의 원리'를 잘 적용한 방법이다.

6. 가르쳐 보는 것은 매우 효율적인 공부 방법이다

황보태조 씨는 아이들의 수학책을 보고 새로운 공식이 나올 때마다 "아빠는 무슨 말인지 잘 모르겠는데 쉽게 이야기해 줄 수 있겠니" 하고 몇 번씩 졸랐고 아이들은 그것을 아빠에게 설명하기 위해 공부하는 과정에서 그 공식을 완전히 소화해 내곤 했다고 한다.

남에게 무언가를 가르치려면 가르치는 사람이 그 내용을 확실히 파악하고 있어야 한다. 황보태조 씨의 자녀들은 아빠에게 공식을 가르쳐 주기 위해 공부하는 과정에서 어렴풋이 알고 있었던 것을 확실하게 깨우치게 되었을 것이다.

7. 농사짓는 정성으로 자식 농사를 한다

농작물도 종류에 따라 키우는 방법이 다르다. 농부 마음 내키는 대로 비료나 물을 주는 것이 아니라 작물의 특성에 따라 꼭 맞는 방법으로 재배해야 한다. 그러므로 작물의 특성을 잘 파악하기 전까지는 특정 방법이 실패할 수도 있다.

그러나 무슨 일을 하든지 목표를 분명히 하고 실패를 할 때마다 더 나은 방법을 끊임없이 시도한다면 결국은 성공할 것이다. 이렇게 하는 데는 희망과 정성이 필요하다. 한 번의 시도가 실패로 끝났다고 해서 포기하지 않고 계속해서 적합한 방법을 찾아내어 시도하려는 정성과 의지가 있어야 한다.

황보태조 씨는 자식 농사뿐 아니라 농사에도 성공한 분이라고 한다. 무농약 토마토 재배를 위해 연구에 연구를 거듭했다고 한다. 끊임없이 영농 방법을 개선하는데 성공하지 않을 도리가 있겠는가. 자녀 교육에서도 마찬가지로 그는 한 가지 방법을 사용했다가 그것이 효과가 없으면 그 원인을 분석하고 좀 더 개선된 새로운 방법을 찾으려는 노력을 아끼지 않았다. 그러니 그의 5남매가 모두 수재가 된 것은 당연한 일이라고 할 수밖에.

위에서 열거한 것 말고도 황보태조 씨의 성공 요인은 한두 가지가 아니다. 예를 들어 황보태조 씨는 아이들의 정신적 부담을 줄여 주기 위해 "오늘은 익히고 내일은 잊어버려라"라고 늘 말해 주었다고 한다. 아이들을 격려하기 위해 성대한 책거리를 해 주었다든지, 복습보다 예습이 중요하다는 점을 간파하고 예습을 장려했다든지, 아이들이 기대에 어긋나게 행동했을 때 벌컥 화를 내지 않도록 '나 같은 사람은 나밖에 없다'는 주문을 외웠다든지 하는 것도 높이 살 만한 점이다.

이 책에서 제시된 여러 자녀 교육 방법은 '국제수학·과학올림피아드 수상자'들을 대상으로 한 여러 연구에서 종종 확인된 방법이다. 즉, 국제적인 연구를 통해서 이미 확인된 신뢰할 수 있는 효과적인 방법이다. 저자는 체계적인 연구를 하지는 않았지만, 이미 연구를 통해서 확인된 방법들을 스스로 체득하여 실천했고, 이에 대해 구체적으로 기술하고 있어, 일반 부모들이 이해하기가 무척 용이하다.

급변하는 현대 사회를 살아가는 젊은 부모들이 이 책을 접할 수 있게 된 것은 행운이다. 이 책은 농사짓는 농부처럼 '아이의 특성에 맞추어 때를 놓치지 않고' 꼭 필요한 말과 행동을 실천하는 부모가 되는 법을 깨닫고 실천할 수 있게 해줄 것이다.